MOSCA BRANCA

PRISCILLA ZACHARIAS

MOSCA BRANCA

Como a prática do
EMPREENDEDORISMO CORPORATIVO
pode alavancar sua carreira

ns

São Paulo, 2023

Mosca Branca – Como a prática do empreendedorismo corporativo pode alavancar sua carreira
Copyright © 2023 by Priscilla Zacharias
Copyright © 2023 by Novo Século Ltda.

EDITOR: Luiz Vasconcelos
COORDENAÇÃO EDITORIAL: Silvia Segóvia
PREPARAÇÃO: Adriana Bernardino
REVISÃO: Marsely De Marco
PROJETO GRÁFICO E DIAGRAMAÇÃO: Manoela Dourado
CAPA: Rubens Lima

Texto de acordo com as normas do Novo Acordo Ortográfico da Língua Portuguesa (1990), em vigor desde 1º de janeiro de 2009.

Dados Internacionais de Catalogação na Publicação (CIP)
Angélica Ilacqua CRB-8/7057

Zacharias, Priscilla
  Mosca branca : como a prática do empreendedorismo corporativo pode alavancar sua carreira / Priscilla Zacharias. -- Barueri, SP : Novo Século Editora, 2023.
  240 p.

Bibliografia
ISBN 978-65-5561-654-5

1. Negócios 2. Empreendedorismo 2. Desenvolvimento profissional
I. Título

23-5173   CDD 658.4012

Índice para catálogo sistemático:
1. Empreendedorismo

Alameda Araguaia, 2190 – Bloco A – 11º andar – Conjunto 1111
CEP 06455-000 – Alphaville Industrial, Barueri – SP – Brasil
Tel.: (11) 3699-7107 | E-mail: atendimento@gruponovoseculo.com.br
www.gruponovoseculo.com.br

AGRADECIMENTOS

Agradeço inicialmente à minha mãe, Palmira Simão, por ter me proporcionado, desde muito cedo, um olhar empresarial crítico por meio da sua trajetória como empresária e empreendedora; por ser a mulher, a mãe e o pai que sempre foi; por ter investido na minha educação e por me dar o apoio necessário para que eu pudesse focar no trabalho.

Ao meu marido e parceiro de vida, Marcelo Steil, que está ao meu lado há vinte anos, apoiando-me e incentivando-me em todos os momentos.

À minha filha Pietra Zacharias Steil, por permitir que me realizasse como mãe; por ser a filha mais incrível que eu poderia ter e por me admirar.

Às minhas irmãs, Haryela Zacharias e Patrícia Simão, duas artistas absurdamente talentosas, que dificultaram a percepção do meu próprio talento por terem essa questão tão resolvida desde sempre e, por isso mesmo, provocaram-me reflexões que me fizeram chegar a esta obra.

Profissionalmente, algumas pessoas influenciaram-me, mas ninguém mais que Adilson Velasco, a quem deixo meu profundo agradecimento, assim como a Paula Donha, por permitirem que eu participasse de seus negócios e por confiarem na minha capacidade empreendedora. Sem vocês talvez eu chegasse até aqui, mas com vocês, sem dúvida, foi muito mais divertido e emocionante, e está sendo muito melhor.

Meus sinceros agradecimentos às equipes das empresas Opera AZ, Bellatrix, TRANSit e Trevo Reciclagem, que me lembram, todos os dias, de que liderar é servir e que me fazem querer ser uma gestora melhor.

Agradeço, ainda, a todas as adversidades que vivi profissionalmente, aos aprendizados que me proporcionaram, e à clareza que sempre me acompanhou.

E, por fim, aos meus amigos e todas as pessoas que me pediram conselhos profissionais e deram-me confiança para escrever este livro.

MUITO OBRIGADA!

SUMÁRIO

Prefácio 8

1. O desvio de percurso que me levou à Ítaca | **15**

2. Por que algumas carreiras não decolam | **23**

3. O que o tamanho da empresa tem a ver com seu desenvolvimento profissional | **33**

4. O que é empreendedorismo corporativo e como ele pode alavancar a carreira | **41**

5. Afinal, o que é Mosca Branca? | **49**

6. Por que adotar comportamentos diferentes em diferentes empresas | **55**

7. Como se tornar uma Mosca Branca | **63**

8. Conectando os conceitos | **195**

9. As expectativas dos tomadores de decisão | **201**

Posfácio 236

PREFÁCIO

Hoje em dia, muitos falam – e eu me incluo nessa turma – sobre empreendedorismo. O tema está quente, em pauta na mídia, programas de TV e redes sociais. O Brasil é, de fato, um país de empreendedores. Figuramos há anos no topo de todas as listas e *rankings* de nações mais empreendedoras do mundo. Seja por necessidade ou por afinidade, o brasileiro é, antes de tudo, um visionário. Décadas de ambiente de negócios hostil, somados a crises – econômicas e políticas –, trouxeram-nos certa habilidade em conviver com o risco, com o improviso e com a instabilidade – pilares na atividade empreendedora.

O saldo é que somos um povo criativo e cheio de iniciativa, que se joga de corpo e alma quando o assunto é lançar novos projetos, colocar ideias no mercado e ganhar a vida. A gente "se vira" e se vira bem demais. E a cada dia que passa, a atividade empreendedora já é vista por mais e mais gente como um caminho natural. "Abrir meu negócio" virou sinônimo de tomar as rédeas da própria vida, criar algo do zero e, aleluia, movimentar a economia do país.

Fico bem feliz com essa nova realidade, bem distante de quando eu tive a iniciativa de fundar a Chilli Beans, 25 anos atrás, e ouvi diversos "Você está maluco"? Porém segui meu instinto, apliquei meu DNA brasileiro na empresa e hoje somos a maior marca de óculos escuros da América Latina.

Mas tem algo que eu aprendi nessa trajetória de décadas desbravando o mundo dos negócios e à frente de uma empresa moderna e em constante evolução: mais do que uma iniciativa específica, o empreendedorismo é uma mentalidade. E, sendo uma ideia, ela pode ser praticada em diferentes ambientes, níveis e situações.

É cada vez mais comum que projetos e departamentos focados em empreendedorismo surjam nas empresas. Estamos falando do empreendedorismo corporativo, também chamado de intraempreendedorismo. Ideias, projetos, *insights*, *benchmark*, análises, projeções, estudos, campanhas, parcerias. Em praticamente tudo que fazemos hoje na vida profissional cabe a mentalidade empreendedora,[1] mesmo se você usa crachá das 9h às 18h na firma.

Este livro é uma das boas iniciativas recentes no sentido de decodificar e exemplificar o oceano que é o empreendedorismo: uma mentalidade, tão falada e cantada em *posts* e artigos na internet, mas ainda pouco estudada. Em um ambiente de mudanças constantes e novos desafios diários em que vivemos, colocar a bola no chão – como faz a Priscilla – é uma atitude louvável.

Como bem frisa a autora logo no início da obra, empreender é bem diferente de administrar. Empreender vai bem mais a fundo do que tocar ou gerir um negócio ou empresa. Então, se o querido leitor estiver tentando entender esse fenômeno da "atitude empreendedora", já presente nas descrições de vagas e entrevistas de RH por aí, esta leitura é um excelente começo nessa sua jornada.

O que a Priscilla traz de novidade é, por meio da sua própria experiência de vida e muitos *cases*,[2] resumir e decodificar uma série de questões que, por vezes abastadas, pipocam na cabeça de qualquer profissional de hoje, seja qual for a área de atuação e o segmento ou porte da empresa para qual trabalha. Indo além do óbvio, ela presenteia-nos com casos reais, em que o empreendedorismo corporativo fez toda a diferença, tanto para a companhia como para – principalmente – a carreira dela.

---

1 O intraempreendedorismo é a prática de atuar de forma empreendedora dentro de uma empresa.
2 História de um acontecimento empresarial.

Indo muito além do básico, ela enfileira uma série de informações que vão condensar a experiência empreendedora – um conjunto de comportamentos, habilidades e atitudes cujo impacto vai muito além daquele projeto ou da proposta nova que seu chefe "adorou". Pois empreender, meus amigos, é lidar com o imponderável, e, nos negócios, o imponderável materializa-se em diversas formas: desafios, metas, pessoas, mercado, consumidores, tecnologia, concorrentes. São tantos os fatores que escrever um dicionário do empreendedorismo pode ser, veja só você, uma ótima iniciativa empreendedora.

Na minha carreira, sempre destaco uma coisa fundamental para chegarmos onde chegamos com a marca: disciplina. Empreender não é ter uma ideia brilhante por semana, inovar com um aplicativo disruptivo ou lançar um produto querido pelos consumidores. Empreender é, sobretudo, ser incansável na busca pela excelência em tudo que fazemos, dia após dia. O que me faltou no começo em conhecimento formal compensei sendo o cara que jamais desistiu, que deu mais do que podia, que contagiou todos em volta fazendo de tudo para acertar. Essa disciplina, levei para a vida. E levei para todas as áreas da Chilli Beans.

Outro fator fundamental é a atenção aos detalhes. Você sai na frente de muitos quando nada te escapa e, principalmente, consegue apresentar pontos de vista diferentes daqueles da maioria. *Insight* que fala, né? *Insight* não é ter uma ideia totalmente nova e fora da curva. *Insight* é, sobretudo, ver o que ninguém mais está vendo passar ali, na frente dos seus olhos. Para isso, mais do que habilidades intelectuais, que são fundamentais, você precisa de uma boa dose de habilidades comportamentais e humanas.

Ao final do dia, empresas são feitas de pessoas e relacionar-se com pessoas será a maior parte do seu desafio enquanto empreendedor corporativo. Convencimento, negociação, caráter, empatia, liderança, comunicação – tudo isso está no menu de um profissional fora da curva do século XXI.

Afinal, ninguém constrói nada sozinho. Mesmo os grandes gênios da história da humanidade precisaram de ajuda, tiveram equipes, assistentes, pares, para que suas descobertas ganhassem vida. Nas empresas atuais, esse fator é ainda mais determinante. Nós só decolamos com a Chilli Beans porque me cerquei de gente mais talentosa do que eu. Gente que trouxe, além de conhecimento, iniciativas e sangue novo para a marca. Gente que comprava ideias, que me contrariava quando necessário, que oferecia alternativas, que chorava e ria comigo, gente com pimenta na veia, que contribui decisivamente para o sucesso do nosso negócio. Em resumo: gente com DNA empreendedor.

Então, meus caros e minhas caras colegas, saibam que empreender num ambiente corporativo é, acima de tudo, fazer alianças, gerar percepções, criar equipes multitarefa, sofrer e lutar lado a lado com aqueles que, à sua maneira, desejam alcançar os mesmos objetivos que você. Para isso, estar preparado, nos aspectos emocional e comportamental, é determinante, mais ainda do que ter conhecimento técnico virtuoso. Não à toa, lemos e ouvimos muito hoje em dia sobre as tais *soft skills*, habilidades essenciais para navegar no ambiente corporativo e ter a mentalidade empreendedora

Nem todos nasceram, nem têm vocação ou disposição para serem empresários, donos de um negócio próprio. Isso, absolutamente, não impede ninguém de ter uma atitude inconformista, de querer fazer diferente, de buscar novas soluções, de brincar com as probabilidades, de gerar aquele entusiasmo contagiante que é fundamental no sucesso de uma companhia. Todos nós, em qualquer posição ou nível de responsabilidade, podemos ser empreendedores corporativos.

Para chegar lá, entretanto, um arsenal de habilidades e conhecimentos, sobretudo emocionais e comportamentais, é necessário. Este livro pode ser a sua porta de entrada, o chute final que faltava para você marcar aquele golaço e correr para a galera, batendo no peito e comemorando. Fiz essa analogia porque, se você curte futebol, quantos jogadores que parecem ser tecnicamente mais limitados você já viu levantando taças e sendo campeões, compensando a limitação em dribles e jogadas com estratégias refinadas, visão de jogo e liderança?

Um time vencedor não é composto só de craques e, sim, de um grupo coeso, focado no mesmo objetivo, que se completa, se ajuda e está sempre motivado. Então, se você é parte ou lidera um time assim, este livro fará a diferença em sua estratégia jogo a jogo durante todo o campeonato.

Boa leitura!

CAITO MAIA

1. O DESVIO DE PERCURSO QUE ME LEVOU À ÍTACA

Cada um interpreta sua Ítaca de forma diferente, pois a ideia de felicidade e sucesso é diferente para cada um.

No início da carreira, trabalhar em uma empresa de pequeno porte não era uma ambição profissional. Venho de uma família de empresários e empreendedores e já conhecia, de longa data, esse universo, suas dores e delícias, sobretudo em empresas familiares. Não se tratava de nenhum tipo de preconceito, talvez uma vontade de explorar o desconhecido; talvez porque, na época, um cargo de gerente ou diretor de uma multinacional era sinônimo de brilhantismo profissional; ou talvez apenas uma concepção equivocada de sucesso.

No final da década de 1990, quando ingressei, para valer, no mercado de trabalho, não se falava muito em pequenas empresas de sucesso – ou, talvez, falava-se em algum nível, mas as informações não chegavam com a enorme velocidade e a quantidade de hoje. A internet estava começando e precisávamos ler muitas revistas e livros para obter esse tipo de informação, quase sempre atrasada. Também não era um tema discutido na sala do curso de Administração de Empresas, em que éramos orientados a prepararmo-nos para assumir posições relevantes em grandes organizações e, certamente, não era o foco de muitos profissionais.

Tivemos de esperar longos anos para saber o que seria uma *startup* ou uma empresa unicórnio, testemunhamos pequenos e despretensiosos negócios tornarem-se gigantes e inspirarem empresários e colaboradores a acreditarem em novos modelos.

Após dois anos e meio de estágio, em duas multinacionais, enquanto cursava Administração, ingressei no primeiro programa de *trainee* de uma multinacional varejista para o cargo de gerente comercial, disputando cinco vagas com dois mil e quinhentos candidatos. Algum tempo depois, assumi o cargo de compradora nacional, até desenvolver meu projeto empreendedor: montei uma confecção de *lingerie,* em que fui precursora de uma linha específica de peças descontraídas, obtendo realizações profissional e financeira ao vender minhas peças para vários estados brasileiros e exportar em pequena escala para Estados Unidos, Dinamarca, França, Grécia e Hong Kong.

Minha irmã, Haryela Zacharias (que, na época, tinha uma marca de bolsas que levava seu nome) e eu construímos um dos primeiros sites de moda do país e ganhamos muita publicidade gratuita em praticamente todas as revistas de moda que circulavam nesse período, além de programas de TV, que exibiam nossos produtos, e de entrevistas.

Isso durou até uma famosa rede de vestuário copiar, *ipsis litteris*,[3] as minhas criações, e passar a vender mais barato no varejo do que eu poderia vender no atacado. Em pouco mais de uma semana, quase todos os pedidos de venda foram cancelados. Com matéria-prima encomendada, funcionários, aluguel e investimentos para pagar, em poucos meses, meu negócio ruiu. A internet não tinha a força que tem hoje; atualmente, essa informação bem divulgada abalaria a imagem do magazine, o qual, talvez, tivesse que se retratar ou negociar *royalties*.

Não tive muito tempo para lamentar. Senti-me fracassada como empresária, senti medo de empreender novamente, mas a responsabilidade financeira lembrava-me de que era hora de voltar ao mercado, porém no mesmo segmento não havia clima.

Hoje, ao olhar para trás, já com alguma distância, embora me sentisse uma farsa, concluí que meu fracasso não estava diretamente ligado à gestão, mas, talvez, à administração de conflitos. Assim, quando esquadrinhei o fato inesperado, a idade e a inexperiência como empreendedora, escolhi perdoar-me.

Buscando vagas relacionadas à gestão, passei por duas empresas de médio porte e segmentos variados até encontrar minha Ítaca (uma das

---

3 Nos mesmos termos; tal como se apresenta.

ilhas gregas, destino de Ulisses em seu longo retorno ao lar após a Guerra de Troia, que considerava o seu lugar no mundo, narrada na obra *Odisseia de Homero*).

Esta versão ultrarresumida da minha história é apenas para dizer que todo mundo tem uma Ítaca, mas não é fácil encontrá-la, pois frequentemente o caminho é tortuoso, porém rico em aprendizados, os quais, no final, são o que realmente importa.

Acho que o seguinte trecho do poema de Konstantinos Kaváfis (1863-1933) explica melhor:

Não espere que Ítaca lhe dê mais riquezas.
Ítaca já lhe deu uma bela viagem;
sem Ítaca, você jamais teria partido.
Ela já lhe deu tudo, e nada mais pode lhe dar.

Se, no final, você achar que Ítaca é pobre,
não pense que ela o enganou.
Porque você tornou-se um sábio, viveu uma vida intensa,
e este é o significado de Ítaca.

Cada um interpreta sua Ítaca de forma diferente, pois a ideia de felicidade e sucesso é diferente para cada um.

Encontrar Ítaca não foi como avistar de longe uma ilha. Foi preciso sentir seu solo, provar seus frutos e sua água e viver um tempo nela para, enfim, reconhecê-la. Uma descoberta lenta, que acontecia à medida que me eram dadas as oportunidades de aplicar meus conhecimentos.

Assim, paulatinamente, eu predispunha-me cada vez mais para uma nova concepção de realização profissional. Minha ideia de Ítaca foi, então, construída não pela força das circunstâncias e, sim, pela força do desenvolvimento profissional e pessoal.

A partir de uma nova visão de sucesso profissional e da confiança que me era depositada, iniciei uma nova jornada de crescimento. É claro que essa confiança também é construída, pois nenhuma empresa ou nenhum empresário irá oferecer oportunidade de crescimento, desenvolvimento e enriquecimento, e carta branca para aplicar seus conhecimentos em um curto espaço de tempo. Essa jornada também não é possível se você mantiver uma ideia engessada de modelo de crescimento profissional.

Ítaca surgiu inesperadamente, por meio de um anúncio de vaga na internet para um cargo inferior à minha então posição de gerente, em uma empresa classificada como indústria, cuja descrição do perfil informava um dado muito curioso: quantidade de funcionários = 1. O local também não era nenhuma avenida Faria Lima, ou seja, dentro do modelo de sucesso profissional que eu havia construído. Eu tinha tudo para dispensar o anúncio. E libertar-me da persona de empresária ou de executiva de uma grande empresa ainda era um caminho a ser percorrido.

Trata-se de nos dar oportunidades e não permitir que uma ideia fixa de propósito impeça-nos de conhecer novos caminhos. Para mim, ter me permitido, no mínimo, conhecer novas possibilidades, mudou o desfecho que eu havia imaginado para meu futuro profissional, o qual, aliás, naquela altura, não era muito otimista.

Ainda que minha mentalidade, naquele momento, estivesse voltada para a escassez, escolhi enxergar o copo meio cheio. Quando li que a empresa tinha apenas um funcionário, pensei em duas possibilidades. A primeira era que haviam preenchido errado; sendo assim, a equipe de *backoffice*[4] precisava de gerência, precisava de mim. A segunda era que, se realmente só havia um funcionário, provavelmente tratava-se de

---

4 O "Backoffice" pode ser traduzido como retaguarda. Trata-se de um setor/conjunto de atividades responsável por cuidar das questões administrativas e financeiras da empresa e que não são vistos pelo cliente.

um novo negócio, ou seja, uma oportunidade incrível de começar algo praticamente do zero e colaborar com a profissionalização do negócio, que era a "minha praia".

O fato é que se tratava da segunda hipótese. Era um negócio novo, e a especialidade dos sócios não era gestão; eles uniam a *expertise* do segmento e a experiência na prestação de serviços. Enfim, formamos uma equipe multidisciplinar, em que cada um tinha habilidades e experiências diferentes, as quais, juntas, completavam-se.

No entanto não era uma tripla sociedade. Eu era uma colaboradora com experiência gerencial em pequenas e grandes empresas e eles, os sócios. Foi preciso alguma habilidade e muita paciência para, sem cruzar nenhuma linha, aplicar o empreendedorismo corporativo e mostrar que, dessa maneira, todos nós ganharíamos.

Enxergar a oportunidade de transformar nossa vulnerabilidade em força pode fazer toda a diferença. E quando a gente mata a cobra e mostra-a morta, a credibilidade e a autoridade no assunto são naturalmente construídas.

É um processo lento, mas é importante que seja assim. De um lado, temos os sócios da empresa descobrindo novas possibilidades e formas inteligentes de reter talentos; do outro, o colaborador percebendo que é possível obter satisfação profissional, e ganho financeiro, empreendendo no negócio de terceiros; e, destarte, todos escrevendo uma nova cultura organizacional.

Após esta leitura, espero que você possa refletir se encontrar sua Ítaca é uma questão de mudança de rota ou de atitude.

2. POR QUE ALGUMAS CARREIRAS NÃO DECOLAM

A necessidade de desenvolver habilidades comportamentais para ascender profissionalmente não é nenhuma novidade, mas que existe uma infinidade de técnicas para adquirir essas habilidades, e que não é preciso transformar-se em outra pessoa, talvez seja.

Se você não tem um colega de trabalho, um amigo, um conhecido ou um parente que é tecnicamente competente, que investiu na formação dele, que é dedicado e comprometido, mas a carreira não decolou; ou, ainda, que não consegue ganhar dinheiro com sua *expertise*, apesar de toda sua qualificação e experiência, seja como colaborador ou como empresário, há uma grande chance de essa pessoa ser você.

E a culpa não é, até o determinado momento, sua, pois não nos ensinam em casa, na escola ou na universidade, nem mesmo nas empresas que nos contratam – que, aliás, em tese, seriam a segunda maior interessada em nosso crescimento e em nosso desenvolvimento –, que o foco somente nas nossas qualificações técnicas não é suficiente para alcançar as ascensões profissional e financeira desejadas, ou não com a ênfase e o aprofundamento necessários.

Isso acontece porque, na maioria das vezes, não há consciência por parte dos colaboradores nem das empresas sobre quais são as habilidades realmente relevantes para aquele cargo, para aquela organização ou cultura empresarial.

Pela forma como somos educados desde a primeira infância, fomos condicionados a acreditar que a inteligência intelectual e as habilidades técnicas são suficientes para progredirmos profissionalmente e ganhar dinheiro; que para ser o diretor financeiro de uma grande empresa devemos ser um dos melhores especialistas em finanças do mercado e não, além disso, um excelente gestor de pessoas, um ótimo comunicador, um bom articulador, criativo etc.

Como consequência, temos, de um lado, uma infinidade de profissionais frustrados, que investiram tempo e dinheiro em suas formações técnicas e não se preocuparam em desenvolver sua rede de contatos, em melhorar suas habilidades de comunicação, em expandir sua capacidade criativa para resolver problemas, e várias outras habilidades que, de fato, podem ajudá-lo a crescer pessoal e profissionalmente, além de se destacar no mercado. E do outro lado, empresários e gestores queixando-se de falta de mão de obra "qualificada" para ajudar a conduzir os negócios, mas que não sabem definir que qualificação é essa.

Ou seja, há uma grande demanda reprimida de profissionais que unam *expertises* técnicas e comportamentais e saibam aplicá-las de maneira intencional.

E aqueles que despertaram para a necessidade de desenvolverem as próprias habilidades comportamentais, que já leram os cinco passos para serem promovidos, a lista das dez habilidades comportamentais mais desejadas pelas "top cinco" melhores empresas para se trabalhar em 2023, e as três dicas infalíveis para evoluir na carreira ou outras fórmulas mágicas do sucesso, além das metodologias que o mercado disponibiliza anualmente e dos novos termos e das novas práticas adicionados, como se fossem pílulas de transformação, mas que não passam de uma nova roupagem para o que já existe, e não acordaram transformados no dia seguinte, talvez tenham desistido e acreditado que a evolução de carreira não é para eles, ou, ainda, talvez achem que desenvolver novas habilidades comportamentais seja uma grande bobagem e que eles devem reforçar ainda mais, e somente, suas habilidades técnicas.

A maneira como nos apresentam a necessidade de desenvolvimento das *soft skills*[5] – ou habilidades comportamentais –, descredibiliza a própria necessidade e aumenta nosso estresse e nossa sensação de fracasso.

Tentar fazer uma pessoa com dificuldades de relacionamento acreditar que "basta" desenvolver *network*,[6] falar bem em público ou desen-

---

5 Habilidades comportamentais.
6 Rede de relacionamentos ou rede de contatos.

volver a empatia, por exemplo, é tão inútil quanto cruel, porque não existe chave para ser virada.

A necessidade de desenvolver habilidades comportamentais para ascender profissionalmente não é nenhuma novidade, mas que existe uma infinidade de técnicas para adquirir essas habilidades e que não é preciso transformar-se em outra pessoa, talvez seja.

Outro grande empecilho para a evolução profissional é não considerar a cultura e o desenvolvimento das habilidades de acordo com o tipo de empresa em que se trabalha. Esse tema terá toda a atenção que ele merece mais adiante.

Cada pessoa tem um conjunto de características que são aplicadas com intensidades diferentes em ocasiões diferentes, e a maneira como se reage às ações externas é fundamentada mais em suas próprias experiências, vivências e trajetórias do que pelas próprias ações. E é isso que nos torna únicos.

Porém isso não nos impede de construir padrões de comportamento, sobretudo, nas organizações. Observando esses padrões ao longo de vinte e cinco anos como gestora, observadora e entusiasta do comportamento humano, construí alguns personagens que considerava excelentes profissionais, mas que não progrediam profissionalmente e sempre assistiam pessoas menos qualificadas assumindo posições que poderiam ser deles.

Pode ser que você identifique seu comportamento em um ou mais perfis, ou que alguns deles tenham se sobressaído em diferentes fases da sua vida. Mas, hoje, se você vir a si mesmo em ao menos um, este livro, definitivamente, é para você.

A ESTRELA CADENTE

É um excelente técnico, com qualificação e apto a assumir posições relevantes. Apesar de não ter poupado investimento de tempo e dinheiro em sua formação, com graduação, pós-graduação, MBA, cursos livres, livros, palestras etc., além de renunciar a momentos familiares em nome das realizações profissional e financeira, as coisas não têm saído exatamente como planejado.

Já assistiu, incrédulo, algumas vezes, a pessoas menos qualificadas ascendendo profissionalmente; já teve de treinar a própria chefia, testemunhou decisões questionáveis de chefes que não pediram a sua opinião, apesar de toda sua experiência na área, e na empresa presenciou a troca da alta liderança por jovens recém-formados. Sente-se desvalorizado porque sabe que é tecnicamente muito bom, mas talvez não tenha despertado para sua falta de inteligência emocional.

O DESBRAVADOR

Se não está iniciando sua carreira, está em busca do caminho das pedras. Vive a dúvida de investir a carreira em um emprego formal que lhe renda estabilidade financeira enquanto é, diariamente, assediado nas redes sociais a ser empreendedor. E não faltam exemplos de jovens bem-sucedidos e destemidos que empreendem em seus próprios negócios, vendendo a imagem de que é tão simples quanto fácil ser empresário. Basta acreditar no seu potencial e comprar o curso on-line que eles oferecem, é claro!

Pode estar empregado na área dele, e apesar de não ocupar uma posição sênior, já viveu o suficiente para perceber que para subir de nível o desafio é muito grande. E por isso questiona onde seria mais eficaz investir seu tempo e sua força de trabalho ou onde estão as oportunidades: nas jovens *startups*, nas pequenas, nas médias ou nas grandes empresas?

Na dúvida, ele não arrisca em empreender em seu próprio negócio nem foca na construção de sua carreira.

O REGRESSO

Seguindo seu instinto empreendedor, já se aventurou como empresário, investindo suas economias, e descobriu a duras penas que para fazer aquilo que ele gosta e faz como poucos, precisa fazer outras cento e cinquenta coisas que não sabe, não gosta e não quer fazer, como cuidar das finanças, da contabilidade, da logística, do marketing, dos recursos humanos etc.

Sua responsabilidade financeira empurra-o de volta ao mercado. Ele pode não estar tão feliz com isso, pois apesar de já ter entendido que espírito empreendedor não é o suficiente para ser empresário, não entendeu ainda o poder e o valor que sua característica empreendedora e sua experiência como empreendedor têm, e o que elas podem render se bem aplicadas no negócio de terceiros.

A RODA PRESA

Esse perfil é um clássico e, com certeza, você também já viu pelo menos um. É aquele que vai de zero a cem em um curto espaço de tempo. Um dia acorda supermotivado e promete a si mesmo: agora vai! É bem possível que em sua biografia na rede social contenha a frase: "Foguete não dá ré!" ou algo que o valha.

Porém qualquer acontecimento o distrai de seu objetivo e, no dia seguinte, arrasta-se para o trabalho questionando se é aquilo mesmo o quer para sua vida. Também perde muito tempo pensando sobre qual seria seu talento, quando, muitas vezes, demonstra-se eficiente em várias atividades.

Tem grande dificuldade de enxergar as oportunidades que se escancaram a sua frente e, normalmente, precisa de longos anos para perceber que lhe basta um pequeno ajuste na rota, na mentalidade ou na atitude para conquistar o que, no fundo, sempre quis: brilhar!

A FERA INDOMÁVEL

Esse perfil é outro clássico e, geralmente, nós o encontramos nos departamentos de TI, financeiro ou outros departamentos técnicos.

Trata-se de um profissional acima da média, tecnicamente muito hábil e extremamente inteligente, rápido em suas entregas e que resolve os problemas do departamento ou da empresa. É admirado e temido na mesma proporção, porque sua comunicação costuma ser passivo-agressiva. É – e corre o risco de – ser sempre um especialista.

Pode até ser promovido a cargos de liderança, mas dificilmente será um bom líder, pois não valoriza os outros membros da equipe e não faz questão de relacionar-se. Não entende o motivo de ter estacionado a carreira, já que é tão bom no que faz. Se optar por voo solo, terá grande dificuldade de sucesso porque seu algoz (o relacionamento) também é seu salvador.

O ETERNO APRENDIZ

O eterno aprendiz é aquele que investe tempo e dinheiro em inúmeros cursos, livros, palestras, mentoria, *workshops* etc., mas não coloca nada em prática. Ele só vai sentir-se realmente pronto e hábil depois do próximo curso. Mas esse dia nunca chegará, porque antes de terminar o projeto de aprendizado atual, ele encontrará outro assunto ou ferramenta interessante para, aí sim, começar a praticar.

É um poço de cultura e repertório, sem atitude para tirar vantagem de sua bagagem. Como em um *looping*, repete esse ciclo sem perceber que o tempo está passando e ele tem pouco progresso.

O MÃO NA MASSA

Ele é tão mão na massa, mas tão mão na massa, que operacionaliza até o que não é dele e não tem tempo para cuidar da própria carreira. É leal e comprometido, mas acredita que só trabalha quem operacionaliza.

Normalmente, esse perfil é de origem humilde, quebrou um ciclo familiar de empregos informais e é o primeiro a ter curso superior, por isso tem muito medo de perder o que conquistou e não se arrisca. Por ter superado suas próprias referências de qualificação e de evolução profissional, não se qualifica e não desenvolve relacionamentos.

Acha-se um injustiçado por trabalhar demais e não enxerga que a mudança que ele espera só depende dele mesmo. É um desperdício, porque é muito trabalhador e com algum investimento em sua formação técnica e comportamental poderia ir muito longe.

O HARDY

Hardy é um personagem de Hanna-Barbera, lançado em 1962, mas quem foi criança nos anos 1980 conhece bem seu lamento constante diante de qualquer desafio: "Ó céus! Ó vida! Ó azar!".

O profissional com perfil Hardy é aquele que deposita toda a responsabilidade de seu insucesso em fatores externos ou outras pessoas, mas nunca em si mesmo. Ele não conseguiu a promoção porque não é puxa-saco como o promovido e nunca porque não estava preparado para a nova posição. Ele não é muito integrado com a equipe porque ninguém fala com ele e não porque ele não assume a responsabilidade de desenvolver relacionamentos profissionais com seus colegas. Ele acha que aquela frase dita de forma genérica na reunião foi, sem dúvida, para ele. Porque tudo é sobre ele.

Quando ele encontra um gestor que entende seu problema de autoestima e tem paciência e disposição para ajudá-lo a superá-lo, ou quando ele, finalmente, entende que precisa de terapia, seu desenvolvimento acontece. Por acreditar que ninguém gostava dele, procurou performar para ser notado.

O que todos esses perfis têm em comum é a falta de clareza de que uma carreira só decola quando entendemos que não existem atalhos, gatilhos, pílulas de transformação ou chaves para virar; quando não desistimos antes mesmo de começar por acreditarmos que precisamos nos transformar em pessoas que não somos para progredir na carreira e, sim, quando tomamos consciência das habilidades comportamentais que precisamos desenvolver, levando em consideração nossa personalidade, a posição ocupada e a cultura empresarial, e que esse desenvolvimento pode dar-se por meio de técnicas, que devem ser aplicadas de forma intencional, até que se tornem um hábito. E, ainda, que podemos criar nosso próprio modelo de atuação unindo as habilidades técnicas e comportamentais à prática do empreendedorismo corporativo.

3. O QUE O TAMANHO DA EMPRESA TEM A VER COM SEU DESENVOLVIMENTO PROFISSIONAL

Criar expectativas de desenvolvimento em pequenas ou grandes empresas não é melhor ou pior. Depende, na verdade, do perfil de cada profissional ou do momento de carreira de cada um.

Quando você ouve falar em pequena ou média empresa, o que imagina? Se você acha que se trata apenas daquele pequeno comércio da esquina de casa ou daquela pequena contabilidade do seu tio, saiba que as pequenas empresas têm faturamento anual de até R$ 4,8 milhões por ano, que cada uma emprega de 10 a 49 pessoas no comércio e serviços e de 20 a 99 pessoas na indústria. Empresas de médio porte podem faturar até R$ 300 milhões por ano e empregarem até 500 colaboradores cada.

A folha de pagamento de empresas de porte médio pode chegar a 20% do faturamento bruto, dependendo do segmento. Então podemos supor que uma média empresa, que tem faturamento anual de R$ 200 milhões, cem funcionários e custo de folha de pagamento de 10%, teria um custo médio de, aproximadamente, R$ 17 mil por funcionário.

Se levarmos em conta que 80% ou mais dos colaboradores trabalham na operação, poderíamos supor que, ganhando muito bem, poderiam custar metade desse valor, ou seja, pouco mais de R$ 8 mil. Sendo assim, os outros 20% poderiam ter um custo médio de aproximadamente R$ 50 mil.

Esse cálculo superficial é capaz de ilustrar o quão interessante pode ser a capacidade de uma empresa como essa de pagar excelentes salários, benefícios e bônus para líderes e gestores. Imagine quanto não estariam dispostos a pagar para colaboradores Moscas Brancas, que trouxessem produtividade, profissionalização, inovação ou gestão.

Já os números das pequenas empresas podem não parecer tão animadores, mas a necessidade de posições de liderança também pode ser de apenas um único colaborador, o que ampliaria a capacidade de investir em excelentes profissionais com ótima remuneração. Se a empresa fizer uma boa aquisição (você), seus números podem mudar de patamar, elevando ainda mais as possibilidades de oferecer remuneração atrativa.

Como se não bastasse, as empresas menores são responsáveis por 70% da geração de empregos no país, segundo o Serviço Brasileiro de Apoio às Micro e Pequenas Empresas (Sebrae). Nos últimos dez anos, a média salarial dos colaboradores dessas empresas cresceu 25% acima da inflação.

Então parece uma boa ideia deixar o preconceito de lado e prestar muita atenção nesse tipo de estrutura, que possui forte capacidade de absorção de mão de obra, necessidade de profissionalização e potencial de manter talentos, pagando bons salários para aqueles que estão dispostos a investirem, como contrapartida, seu capital intelectual e sua força de trabalho.

Se as pequenas e médias empresas dominam a geração de empregos, têm capacidade de pagamento de salários atrativos e necessitam de colaboradores-chave para assumirem posições de liderança e de gestão, também podem ser uma excelente opção de pouso para as Moscas Brancas. Isso significa mais oportunidades com remuneração melhor.

Criar estratégias e adquirir competências específicas para planejar uma carreira nesse tipo de estrutura pode ser um ponto de partida para uma alavancada profissional.

Enquanto isso, as grandes empresas focam a qualificação de suas equipes nas especialidades. Ao negligenciarem a formação multidisciplinar de seus colaboradores, que ampliaria os horizontes do profissional, restringem o leque de opções para ocuparem novas posições. A possibilidade de fusões, de aquisições e de incorporações pode fechar ainda mais o mercado para alguns profissionais, principalmente de funções muito técnicas. Por exemplo, se um profissional fizer carreira em uma rede de hipermercados no estado de São Paulo, as opções de empresas do mesmo porte que ele tem para trabalhar serão Grupo Carrefour e Grupo Pão de Açúcar. Para esse tipo de empresa, pouco importa se o profissional está crescendo dentro e fora dela, por isso cabe a seus colaboradores manterem-se atentos a essa necessidade.

Certamente, esse colaborador poderá aplicar a experiência adquirida em outros segmentos, mas também é certo que, se ele tiver uma formação ultraespecialista, diferente de estruturas menores, que costumam oferecer funções mais flexíveis, em que se assume mais de um papel e exige-se que o profissional adquira mais competências, terá de trabalhar a interdisciplinaridade, adquirindo novas habilidades para envolver-se em outro segmento, talvez em outra função e, quem sabe, submetendo-se a um *downgrade*[7] em sua remuneração, já que suas habilidades, em um primeiro momento, seriam mais limitadas por ter focado tanto na especialidade. Tudo isso em uma velocidade recorde para encaixar-se rapidamente no mercado.

Criar expectativas de desenvolvimento em pequenas ou grandes empresas não é melhor ou pior. Depende, na verdade, do perfil de cada profissional ou do momento de carreira de cada um. Seguem alguns argumentos que podem ajudar em sua análise para descobrir se você tem perfil e/ou está no momento de trabalhar em empresas de menor porte.

As grandes empresas e as multinacionais têm como detentores sócios capitalistas, os acionistas, que decidem os rumos do negócio de acordo com a volatilidade do mercado e tomam decisões friamente calculadas. Normalmente, não há espaço, nem mesmo para a alta diretoria, defender posições ou sugerir novos caminhos. Dessa maneira, o futuro dos profissionais que ali trabalham está totalmente fora de seu controle.

Já em estruturas menores há mais preocupação em aproveitar seu capital intelectual, sobretudo nos momentos de dificuldade, em razão do peso que, comumente, a equipe tem na colaboração para o desenvolvimento do negócio e nas decisões mais humanizadas, que são

---

7 Retornar a um ponto anterior.

estabelecidas, em geral, em decorrência da proximidade das relações. Sob essa ótica, poderíamos dizer que é mais estável.

Seguindo o mesmo raciocínio, podemos afirmar que apostar nesse tipo de estrutura também pode proporcionar mais autonomia. A possibilidade de sugerir e encabeçar projetos que tragam novas e enriquecedoras experiências para o profissional, assim como desenvolvimento para a empresa, negociando os termos diretamente com os donos do negócio, não parece muito factível em uma grande estrutura.

As possibilidades de crescimento horizontal também são um forte argumento, pois não há limitações rígidas para se negociar remuneração. Se você colocar na mesa toda sua habilidade de negociação ganha-ganha – obviamente, dentro das condições da empresa –, sugerindo comissionamento, política de bônus ou alternativas viáveis, o resultado pode ser surpreendente. Isso quer dizer que, sendo um profissional de real relevância para o negócio e tendo boas habilidades de negociação, que podem ser tecnicamente adquiridas, o crescimento horizontal depende muito mais do próprio profissional do que qualquer outra variável.

Fatores inicialmente limitantes, como falta de verba para a realização de projetos ou para novas contratações, comuns nas estruturas menores, permitirão que, naturalmente, o profissional seja mais criativo na solução de problemas, obrigando-o a desenvolver interdisciplinaridades para suprir as diversas demandas. Esse tipo de limitação é compensado pela possibilidade de aprendizado intenso, que reforça o repertório e amplia, ainda mais, as possibilidades futuras.

Para os que estão no momento de se equilibrarem, estruturas menores oferecem mais possibilidades de negociar horários e funções, proporcionando maior flexibilidade.

Em razão de, normalmente, não haver uma cultura de formação contínua, o fato de trabalhar em estruturas menores proporciona liberdade de escolher as disciplinas técnicas e comportamentais a serem desenvolvidas, assim como a possibilidade de negociar seu custeio.

Como todas as nossas escolhas, essa também acarreta ônus e bônus, e as desvantagens também devem ser avaliadas. Eu classificaria como a maior delas ter de lidar com uma estrutura familiar desorganizada, seguida da diferença comportamental exigida para destacar-se profissionalmente nas diferentes estruturas e da necessidade de rápida adaptação. Dependendo do perfil profissional, estruturas menores podem ser um grande desafio, pois há a necessidade de alinhar expectativas em relação à disponibilidade de verbas, que implica menor poder de barganha junto a clientes e fornecedores.

Ainda, relações obrigatoriamente mais pessoais em função do número reduzido das equipes, bem como as tomadas de decisões em estruturas pequenas serem mais intuitivas do que técnicas, já que, normalmente, são de responsabilidade apenas dos donos da empresa. Talvez as inúmeras peculiaridades existentes em cada pequeno negócio também sejam uma desvantagem, exigindo competências comportamentais que podem não ser tão úteis em outro negócio de mesmo porte.

4. O QUE É EMPREENDEDORISMO CORPORATIVO E COMO ELE PODE ALAVANCAR A CARREIRA

Empreender é um sentimento e administrar uma empresa é uma profissão.

Antes de definir o que é empreendedorismo corporativo, vamos alinhar alguns conceitos. Você sabe a diferença entre ser empreendedor e empresário?

Não! Empreendedor e empresário não são sinônimos. Nem todo empreendedor é empresário e vice-versa. Empreendedores falham justamente porque não são empresários e muitos empresários não progridem porque não são empreendedores.

Empreender é a capacidade de desenvolver soluções, identificar oportunidades ou ser disruptivo ao resolver um problema. O empreendedor é quem tem a capacidade de colocar tudo isso em prática, criando e inovando em processos, produtos ou serviços. Sua paixão é ter ideias que impactarão a vida das pessoas. Já o empresário tem o foco nas estratégias e no planejamento para o bom andamento do negócio, com a função de construir e gerir uma empresa.

Empreender é um sentimento e administrar uma empresa é uma profissão. A confusão entre os termos acontece porque é comum empresários encarregarem-se de empreender em seus próprios negócios, tal qual empreendedores administram suas empresas.

O melhor cenário é quando o empresário tem competências de gestão e espírito empreendedor. Todavia a prova de que isso não é uma regra é a quantidade de empresas que, muitas vezes, propõem boas soluções, bons produtos ou bons serviços, porém fecham rapidamente, pois o empresário não é um bom empreendedor ou o empreendedor não atua bem como empresário.

A solução que a grande maioria dos empreendedores encontra é buscar formação em gestão para suprir a necessidade de liderança administrativa. Alguns conseguem êxito por dedicarem-se, arduamente, a assumirem essa posição, enquanto outros não atingem um bom resultado por não terem aptidão administrativa e/ou por falta de um bom gerenciamento de tempo, não conseguindo assumir os dois papéis.

Quem é empreendedor já enxergou, aqui, um nicho de mercado: empreender no negócio de terceiros!

Ainda que o empresário seja empreendedor, ele não será capaz de atuar como empreendedor em todas as frentes o tempo todo e precisará cercar-se de uma equipe forte e preparada para assumir responsabilidades, trazer inovações e resolver problemas do cotidiano e das necessidades de uma empresa, como comprar, vender, produzir, cuidar das finanças, do faturamento, da logística, da contabilidade etc.

Além disso, normalmente, a capacidade empreendedora do empresário está relacionada à atividade-fim, ou seja, ele tem a habilidade de inovar em produtos ou serviços que seu mercado necessita, além de administrar a empresa, mas não consegue aplicar a mesma *expertise* empreendedora em todas as atividades-meio.

Essa, em minha opinião, é a parte mais difícil de ser empresário. Por exemplo, se um chefe de cozinha abre o seu próprio restaurante, para ter sucesso não basta que ele seja o melhor chefe do planeta, ele precisará ser um ótimo líder e empreendedor, além de ter *expertise* administrativa, financeira, contábil, em marketing etc.

Sabe quando vamos a um restaurante e a comida atende ou ultrapassa as expectativas, porém o atendimento é insuficiente ou há demora excessiva para servir ou trazer a conta, não há boa parte dos vinhos da carta ou, ainda, o ambiente não agrada? Podemos supor que esse chefe/empresário é um bom empreendedor no sentido de desenvolver excelentes produtos, mas não é eficaz na administração das atividades complementares, talvez por não contar com equipes empreendedoras nessas áreas.

A capacidade de crescimento de uma empresa que tem uma equipe empreendedora é infinitamente maior. Ter um colaborador eficiente e tecnicamente bem-preparado para chefiar o departamento comercial, por exemplo, com certeza elevará o nível de satisfação dos clientes. No entanto ter um colaborador que, além dessas características, tem espírito empreendedor, trazendo criatividade na solução de problemas, inovação, iniciativa ou oportunidades de negócio em sua área de atuação, pode colaborar com o crescimento exponencial da empresa.

Imagine se esse chefe de cozinha contrata um profissional capaz de cuidar de seu salão de atendimento, resolver os problemas com criatividade e economia e, ainda, contribuir com ideias inovadoras, como um sistema de reconhecimento facial em que a recepcionista identifica o cliente cadastrado e trata-o pelo nome, imprimindo um atendimento personalizado e exclusivo? Ou, quem sabe, uma parceria com algum cartão de crédito ou programa de fidelidade, que traga o público esperado oferecendo algum benefício, como um vinho, por exemplo, aumentando o *ticket* médio. Isso é empreender no negócio de alguém.

Empreender no negócio de terceiros não significa "dar o sangue" por uma empresa ou por alguém, mas, sim, por sua carreira, por seu nome no mercado. Essa oportunidade de praticar a nossa especialidade desenvolvendo um trabalho com excelência, contando com a estrutura, *know how*,[8] potencial de investimento e capital humano de um negócio já estabelecido é o empreendedorismo corporativo. Essa prática pode garantir nossa realização profissional e, com algumas habilidades de Mosca Branca, é possível também conseguir realização financeira.

Não acho ruim empreender no seu próprio negócio; pelo contrário, hoje estou de volta ao outro lado da mesa. Embora, da primeira vez, já preenchesse os requisitos para ser empresária, faltaram-me a maturidade e a experiência empreendedora em estruturas menores que tenho hoje e que, certamente, se as tivesse no passado, o desfecho teria sido muito diferente.

---

8   Habilidade adquirida pela experiência, saber prático.

Na atualidade, empreender corporativamente não elimina a possibilidade de empreender no próprio negócio amanhã e vice-versa. Ao contrário, uma condição prepara-nos para a outra. É inteligente avaliar as condições e o próprio perfil para decidir pelo melhor caminho no momento e se, ou quando, surgir vontade ou oportunidade de mudar o lado da mesa, que façamos com mais preparo e maturidade, aumentando as chances de sucesso.

Mesmo assistindo a jovens inexperientes constituindo empresas que se tornam milionárias em pouco tempo, não dá para ignorar o fato de que essas são a minoria, que são negócios altamente disruptivos e apoiados em grandes investimentos. Portanto se alguém me perguntasse hoje qual é o melhor caminho para empreender no próprio negócio, eu diria que teriam melhores chances quem:

- **Já teve alguma experiência como colaborador** – entender como funciona uma empresa, vivenciar uma estrutura departamentalizada, conviver com pessoas que não pensam como nós, ter noção de hierarquia e adquirir a empatia para conduzir uma equipe como chefe, quando já esteve na posição oposta, e, sobretudo, aplicou suas habilidades empreendedoras e adquiriu experiência com elas.
- **Preparou-se para ser empresário** – ou constituiu a empresa com alguém com essa *expertise* como sócio, em que os papéis estão claramente definidos.
- **Estudou o mercado onde quer atuar** – cumprir as etapas elaborando o plano de negócios, conhecendo a concorrência e definindo estratégias.
- **Preparou-se financeiramente** – ter algum respaldo financeiro, calcular o valor necessário para o investimento inicial, incluindo fluxo de caixa, prazo de retorno, conhecimento em relacionamento com investidores etc.
- **Tem a clareza** – entender que ser seu próprio chefe não significa trabalhar menos, estudar menos e ganhar mais.

Fora dessas condições, eu canalizaria a minha potência empreendedora no negócio de alguém, me prepararia e depois alçaria voo solo.

Há pessoas que empreendem no próprio negócio por necessidade, sem preparo ou qualificação, sem respaldo financeiro ou sem grandes perspectivas de ter um emprego formal que lhe renda um salário digno. Claramente, não é nesse perfil que baseio a minha opinião.

Há, ainda, aqueles empreendedores corporativos que se destacam profissionalmente, conseguem excelentes posições e salários, porém não têm perfil empresarial ou disposição para correr riscos, e seu próximo passo não será empreender no próprio negócio. E tudo bem. É preciso respeitar a própria régua do sucesso, o próprio perfil e o momento de vida, não importando a escolha que seja feita conscientemente.

5. AFINAL, O QUE É MOSCA BRANCA?

Esse inseto construiu uma marca pessoal tão forte que ninguém ousa duvidar que ele é o que quer ser.

O termo Mosca Branca foi escolhido como título deste livro por motivos que vão muito além da distinção. Três características desse inseto levaram-me à analogia com profissionais que se destacam no mercado de trabalho:

Em primeiro lugar, Mosca Branca não é mosca. Moscas são da classificação Díptera, que são insetos com um par de asas. O inseto conhecido como Mosca Branca pertence à ordem Hemíptera, o que significa que tem dois pares de asas. Isso me remete aos conceitos de profissionais especialistas (um par de asas) e multidisciplinares (dois pares de asas). Estes últimos multiplicam suas habilidades técnicas e comportamentais, dominam diferentes áreas do conhecimento e são, sem dúvida, diferenciados e com mais chances de obterem satisfações profissional e financeira.

Em segundo, Mosca Branca não é branca. Sua coloração é amarelada e ela carrega um pó branco em suas asas, que dá origem ao seu nome. Isso me leva à comparação a profissionais que não se encaixam em estereótipos tradicionalmente associados à sua função ou área de atuação, que inovam, que vão além e que entregam mais do que se espera.

E em terceiro, esse inseto não é tão raro como se possa sugerir. Aliás, é bem comum nas culturas de soja, tomate, feijão, algodão e hortaliças em geral. E como bem colocou Caito Maia, na entrevista ao final deste livro: "Todo mundo é uma mosca branca, todo mundo tem seu valor, sua atitude, sua personalidade, suas forças e fraquezas". Acrescento que no universo competitivo do trabalho sempre haverá menos líderes do que liderados e quem almeja crescer na carreira deve trabalhar o desenvolvimento de várias habilidades para destacar-se em meio a outros bons profissionais.

Gosto de imaginar que esse inseto construiu uma marca pessoal tão forte que ninguém ousa duvidar que ele é o que quer ser. O mesmo se dá com alguns profissionais – ninguém questiona sua credibilidade e sua autoridade em suas áreas de atuação devido a sua postura, seu comportamento, suas habilidades e suas atitudes.

Além de dominar os temas de sua área de atuação, um bom profissional faz coisas simples e óbvias, como ser pontual, ter boa comunicação, saber trabalhar em equipe, apropriar-se de suas tarefas, ser proativo, desenvolver bom relacionamento, manter-se atualizado sobre sua área de atuação etc. Embora sejam coisas simples, não são fáceis de se adotar com frequência e intensidade.

É como uma pessoa (saudável) que quer perder peso. Ela sabe que precisa manter uma dieta equilibrada, não abusar de doces, de gorduras e do álcool, praticar exercícios físicos regularmente etc. No entanto, mesmo sabendo o que é necessário fazer, não coloca em prática ou não dá continuidade às atitudes que a farão atingir o objetivo que ela mesma traçou.

Parte disso acontece porque, apesar de serem atitudes simples, exige-se disciplina, esforço diário e foco, bem como saber dizer não e renunciar a coisas prazerosas. Outra parte está relacionada ao "lócus de controle". Essa teoria de Julian B. Rotter (1966) descreve a maneira como cada um de nós atribui responsabilidade às nossas escolhas.

As pessoas que pautam a maioria de suas atitudes no lócus de controle externo tendem a creditar o resultado das próprias escolhas à sorte, à falta de oportunidade, às condições econômicas, sociais e políticas etc.

Já as Moscas Brancas, na maioria das vezes, assumem o lócus de controle interno, acreditando que a solução está em si mesmas, nas próprias escolhas e atitudes, e moldam o próprio destino. A dinâmica é analisar quais contribuições pessoais geraram determinado evento e, com foco no aprendizado, não repetir o padrão dos casos de resultado negativo ou repeti-lo nos casos de sucesso.

Manter o foco e a disciplina para fazer o que é simples e óbvio costuma ser suficiente para destacar-se dos demais membros de uma equipe, mas para ser uma Mosca Branca é preciso, ainda, libertar-se de alguns paradigmas, desenvolver novas perspectivas, ter muita vontade de aprender, sentir "dor de dono" e perseguir seus objetivos, entendendo que desfrutar do percurso é tão importante quanto o próprio destino.

Você já viu uma Mosca Branca? Sabe aquela pessoa que parece que nasceu sabendo um monte de coisas, que quase sempre tem a resposta certa na ponta da língua e quando não a tem, busca-a? Que frequentemente pensa de maneira diferente dos outros e pode até não ser a mais querida, mas, sem dúvida, é uma das mais respeitadas da empresa por seus conhecimentos, suas habilidades e suas atitudes? Que é proativa e disponível com muita facilidade, que encontra soluções simples para problemas complexos e que se posiciona com firmeza, comportando-se como se fosse a dona da empresa, no sentido de importar-se com os problemas e colocar a pele em jogo?

Pois bem, saiba que ela também nasceu sem saber nada, tampouco é mais fácil para ela estar disponível ou qualificar-se. Ela conhece, ainda que empiricamente, técnicas para estimular a criatividade em solucionar problemas, para desenvolver a flexibilidade cognitiva e para pensar "fora da caixa".

Ela desenvolveu a mentalidade ganha-ganha estudando e observando, além de vigiar sua mente diariamente para mantê-la com foco na abundância. Ela é respeitada porque construiu autoridade e conquistou credibilidade trabalhando muito, estudando, esforçando-se e, em alguns momentos, desequilibrando-se. De fato, ela pode ter nascido com algumas predisposições e algum talento natural que você não tem, mas se empenhou para adquirir competências e habilidades que ela não tinha e tem a consciência de que o esforço pode superar o talento.

O que esse profissional tem – e que, talvez, você não tenha – é a clareza de que seus resultados dependem de 10% de inspiração e 90% de transpiração, como disse Thomas Edison.

Não existe fórmula mágica para ascender profissionalmente. É preciso ter ciência das habilidades e das atitudes que devem ser desenvolvidas, de acordo com a estrutura em que você trabalha, e exercitá-las.

Para aqueles que se assustaram com a definição de Mosca Branca, tenho duas boas notícias. A primeira é que uma das habilidades que vamos ver aqui é "parecer ser, além de ser". Com essa habilidade bem desenvolvida é preciso menos esforço do que se imagina para ser notado. A segunda é que eu vou te ajudar a ressignificar o desequilíbrio, mostrar que a dicotomia com o equilíbrio é só uma questão de ponto de vista, além de provocar uma reflexão sobre o que realmente significa desequilibrar-se em alguns momentos.

Toda pessoa adulta sabe, ou deveria saber, que somos os únicos responsáveis por nossa conduta profissional. Ter essa consciência é libertador, pois assim não perdemos tempo procurando culpados por nossos erros. A consciência de tomar os créditos por nossas próprias vitórias é igualmente importante. Talvez por medo de parecerem arrogantes ou por falsa modéstia, algumas pessoas minimizam as próprias conquistas, atribuindo-as à sorte ou a terceiros.

Deixo aqui o convite para refletir sobre sua atitude e assumir o controle e a narrativa da sua história de sucesso.

6. POR QUE ADOTAR COMPORTAMENTOS DIFERENTES EM DIFERENTES EMPRESAS

"As empresas contratam pelas competências técnicas e demitem pelo comportamento."

Peter Drucker

As empresas contratam seus colaboradores com base em suas competências e suas habilidades para executarem as tarefas. A teoria dessas competências é ensinada nas universidades ou nos cursos de formação. Já as habilidades são adquiridas à medida que as atividades são executadas. É por isso que, em geral, as empresas preferem pessoas com experiência, pressupondo que elas já têm as habilidades necessárias para executarem suas tarefas.

No que diz respeito às demissões, a maioria ocorre por questões comportamentais, ou seja, quando os colaboradores adotam condutas que não estão em conformidade com a cultura da empresa, seja por falta de educação corporativa, por confundir a relação pessoal e profissional com os colegas, não cultivar bons relacionamentos, não demonstrar controle emocional etc.

Ora, se as empresas costumam contratar em função das competências e demitem pelo comportamento, segundo Peter Drucker, por que os cursos de formação não ensinam as duas coisas? Deveriam ensinar não apenas educação corporativa de modo geral, mas também ressaltar as diferenças comportamentais necessárias para atuar em estruturas distintas. Entender as diferenças comportamentais que devem ser adotadas em pequenas e grandes empresas reflete no nível de crescimento que se pode conquistar.

Empresas "sem dono" ou com muitos donos, ou seja, de capital aberto, normalmente dirigidas por um *CEO*[9] ou presidente, não desenvolvem nem esperam que os colaboradores desenvolvam relacionamentos além do profissional, como acontece em organizações de menor porte.

---

9   *Chief executive officer* e significa diretor-executivo.

Nas pequenas e médias empresas, em especial nas familiares, os fundadores ou sócios costumam ter a empresa como um membro jurídico da família e sentem-se mais confortáveis diante de colaboradores que demonstram, em algum grau, afeto, "dor de dono" e zelo pelo negócio. O grau pode variar, mas esse sentimento é, de certa forma, esperado.

Para que um sócio de uma empresa menor perceba esse vínculo por parte dos colaboradores é preciso haver confiança. Colocando-nos no lugar de sócio não é difícil entender. Imagine que você tem um filho e está recrutando uma babá. Você irá admiti-la baseando-se nas habilidades e nas competências dela, mas sua permanência não será duradoura se ela não demonstrar nutrir sentimentos pela criança. Qualquer pai e qualquer mãe sente-se mais seguro ao confiar o cuidado dos seus filhos a pessoas que os amem.

Até mesmo para empresários mais desapegados ainda há uma questão racional nesse aspecto: sentir o sangue correr nas veias de quem os ajuda a conduzir o negócio. Ninguém quer conviver com a apatia de quem lida com os problemas da empresa como se não fossem os seus próprios, no sentido do compromisso e da dedicação. Essa é uma das razões para não adotar a mesma conduta profissional em estruturas distintas, como uma empresa de grande porte.

Bem, e se você não se apaixonar pelo filho(a) do(a) dono(a) da empresa, quer dizer, pela empresa?

Bom, se o seu plano é fazer carreira nesse tipo de estrutura é essencial você esforçar-se um pouquinho. A boa notícia é que as Moscas Brancas amam seu trabalho e são perspicazes para perceberem se é ali que seu amor deve ser derramado. E, se for, esse amor será construído de forma natural e genuína. Não há com o que se preocupar.

Em resumo, ter as *hard skills* (habilidades técnicas) alinhadas às necessidades das organizações, sejam grandes, sejam pequenas, é o mínimo básico e necessário que um colaborador deve ter para oferecer. Perceber quais *soft skills* (habilidades comportamentais) merecem ser potencializadas, de acordo com o tipo de organização e até mesmo com o estilo de gestão, nos casos das pequenas e médias empresas, é o "pulo do gato".

Isso significa que, em uma grande estrutura, a capacidade de trabalhar em equipe talvez seja mais valorizada do que a "dor de dono", que é supervalorizada em uma pequena e média empresa; ou que o desenvolvimento da interdisciplinaridade, embora tenha peso em qualquer estrutura, é um grande diferencial nas pequenas e médias empresas.

Daí a importância da educação corporativa no sentido de conhecer as *soft skills* mais valorizadas nas diferentes estruturas, pois com esse conhecimento pode-se potencializar o desenvolvimento das competências mais importantes de acordo com o universo do qual se faz parte e, consequentemente, obter valorização profissional e agilidade no progresso da carreira.

Outra grande diferença entre grandes e pequenas organizações é o tipo de crescimento profissional possível de ser conquistado. Enquanto as grandes empresas proporcionam o crescimento vertical, as pequenas e médias oferecem o crescimento horizontal. Entender essa dinâmica é importante para alinhar as expectativas e planejar o futuro profissional.

Vamos imaginar o modelo clássico de uma empresa de grande porte, em que a base da pirâmide é composta pelos colaboradores operacionais, e acima deles estão os analistas ou especialistas, depois os gerentes, os diretores e, no topo, o presidente. Assim, fica fácil perceber que o crescimento dos colaboradores nesse tipo de estrutura é vertical, ou seja, o colaborador evolui na pirâmide, o que dá uma perspectiva clara de crescimento e possibilidade de chegar ao topo.

Em uma empresa de pequeno porte, a pirâmide costuma ser mais achatada, não dando tanto espaço para o crescimento vertical. No topo da pirâmide está alguém que dificilmente sairá de lá para dar espaço a profissionais mais preparados ou atualizados do que ele, isto é, o dono. No entanto vale ressaltar que isso não significa que trabalhar em uma pequena ou média empresa proporcione perspectivas mínimas, ou nenhuma, de crescimento profissional ou financeiro.

O potencial de crescimento existe, porém a dinâmica é diferente. Normalmente, não há muitos cargos hierárquicos, mas é possível promover um crescimento horizontal. Esse tipo de crescimento ocorre quando a empresa oferece ao profissional a possibilidade de uma remuneração maior sem que, necessariamente, ele mude de nível hierárquico. E a menos que o *status* da função seja mais importante do que seu ganho financeiro, não há nenhum prejuízo nisso.

Pequenas e médias empresas pagam ótimos salários para bons profissionais e atuam bem na retenção de seus talentos, porque estabelecer uma relação próxima e saudável com colaboradores que colocam o coração e o esforço no negócio não é algo fácil de conseguir. Além disso, a contratação para cargos mais relevantes, geralmente, é tratada pelos sócios, o que abre margem para vender suas habilidades e negociar diretamente com eles.

Por outro lado, boa parte dos profissionais deposita grandes expectativas de crescimento em empresas de grande porte, sem, talvez, avaliar a quantidade de profissionais na base da pirâmide almejando as mesmas posições, já que há espaço para poucos mais no topo. Nesse modelo, a maioria vai se acomodar ou se frustrar.

Trabalhar em uma grande corporação é uma experiência muito válida, sobretudo para quem está no início da carreira, pois é o melhor ambiente para ter noção de hierarquia, conhecer a departamentalização, entender o todo de uma estrutura profissional, trocar experiências com profissionais qualificados e trabalhar a competitividade.

Existe certo preconceito por alguns bons profissionais em aceitar ofertas de trabalho em empresas de pequeno e médio portes. Há quem prefira ser um analista em uma multinacional a ser um gerente bem remunerado em uma pequena ou média empresa. Entre outros fatores, esse comportamento está associado à falsa ideia de estabilidade que uma grande estrutura pode oferecer. Provavelmente, essa conduta é proveniente da era industrial, quando trabalhar em uma famosa montadora de veículos ou em uma grande indústria era socialmente bem visto.

Felizmente, o mundo mudou. Hoje, mais do que estabilidade, buscam-se identificação, engajamento, respeito, tratamento digno, felicidade na profissão e, claro, retorno financeiro.

Profissionais que insistem no modelo antigo e preconceituoso – preconizando que as empresas menores têm apenas profissionais ineptos a ingressar ou se manter em uma grande organização, e considerando que apenas nas grandes é possível crescer e desenvolver-se profissionalmente – podem perder grandes oportunidades.

Ademais, empresas pequenas e médias crescem. São cada vez mais frequentes os exemplos de grandes negócios que surgiram despretensiosamente como pequenas empresas, como a Apple e a Microsoft; se preferir exemplos nacionais, Magazine Luiza, Casas Bahia, Wise Up e Habib's.

Pequenas e médias empresas podem chegar longe e te levar com elas, ou, melhor ainda, você pode ajudá-las a irem mais longe.

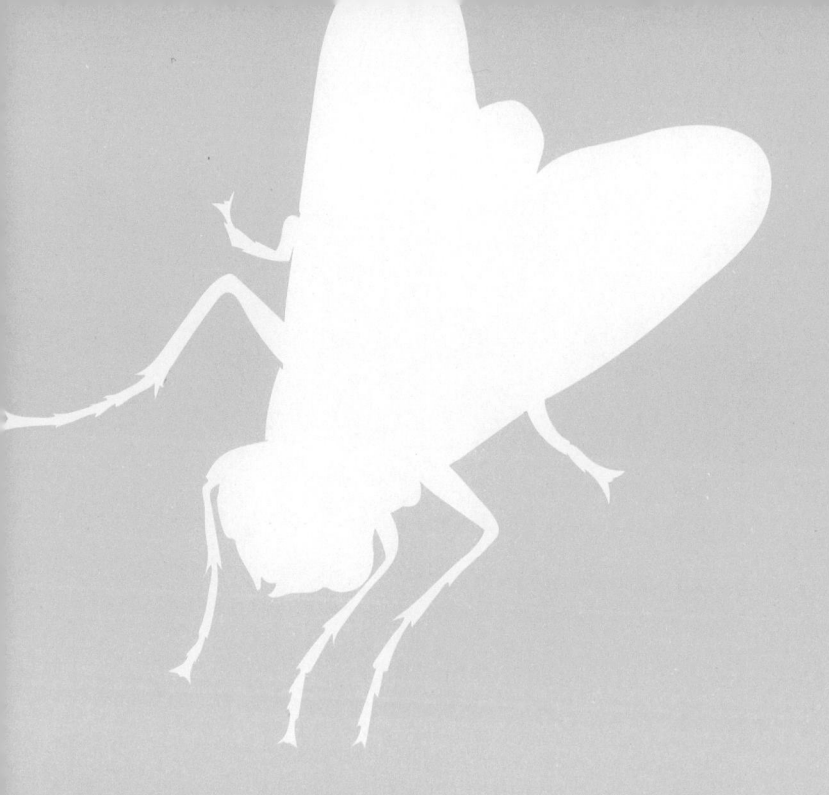

7. COMO SE TORNAR UMA MOSCA BRANCA

Tendo consciência das nossas deficiências é possível planejar e organizar nosso aprendizado e nosso desenvolvimento.

Nenhuma carreira é feita apenas de sucessos. Amargamos alguns fracassos e cometemos vários erros, mas devemos procurar tirar um aprendizado de cada um deles. Podemos observar os comportamentos, as habilidades e as atitudes de profissionais que admiramos, além de personalidades, e por meio dessa observação testar alguns deles intencionalmente.

Aprendi e desenvolvi algumas técnicas para driblar situações que eram difíceis para mim. E depois de vários erros e acertos, construí meu próprio modelo de atuação unindo competências técnicas e comportamentais à prática do empreendedorismo corporativo.

Além de identificar quais comportamentos, habilidades e atitudes eram importantes para o meu desenvolvimento, também percebi a necessidade de tirar o melhor proveito dessas informações, organizando meu aprendizado de acordo com uma lista de prioridades e aplicando-as estrategicamente.

Não quero dizer com isso que tudo o que se aprende na vida profissional parte de decisões friamente calculadas, mas que tendo consciência das nossas deficiências é possível planejar e organizar nosso aprendizado e nosso desenvolvimento. De nada adianta almejar uma posição de gerente financeiro, por exemplo, e investir tempo e dinheiro em um curso de marketing (ao menos não esperando retorno disso) ou perceber a necessidade de desenvolver relacionamentos e não buscar aprender técnicas para o desenvolvimento de *networking*. Ou, pior, aprender tudo o que se reconhece como necessário e não praticar nada.

À medida que fui percebendo as reais necessidades e depois de investir tempo e dinheiro em formações que não eram, naquele momento, importantes, percebi que precisava reaprender a aprender e criei minha própria técnica de aprendizagem, que chamei de Tríade GAE:

G – Gestão do capital intelectual e emocional

Antigamente não havia muitas escolhas. Eram poucas as ofertas de cursos e as formações eram longas e custosas. Hoje, administrar a própria gestão do conhecimento é um privilégio à disposição de qualquer profissional devido à abundância de oferta de cursos, mentorias, palestras, livros etc., de toda duração, nível de aprendizagem e de investimento. Por exemplo, algum tempo atrás, para desenvolver a habilidade de gestão de pessoas, era preciso fazer uma pós-graduação de ao menos dezoito meses para adquirir algum conhecimento. Atualmente temos muito mais caminhos, que acompanham a nossa necessidade de tempo, de investimento e de nível de conhecimento, até gratuitamente.

Essa técnica consiste em mapear nossas necessidades de desenvolvimento ou de melhoria de competências técnicas e comportamentais importantes para alcançarmos o próximo nível. Para isso é preciso conhecer as competências técnicas do nível que queremos alcançar e as competências comportamentais compatíveis que precisamos desenvolver. Ou seja, um passo de cada vez. Se estamos no nível de assistente e queremos nos tornar analistas, devemos ver quais são as competências mais importantes para isso e buscar as melhores alternativas.

A escolha das competências, em especial as comportamentais, também deve levar em conta nossa personalidade, o tipo de empresa e a cultura organizacional. Isso significa que se for uma empresa de pequeno porte, deve-se desenvolver competências compatíveis com as pequenas estruturas, como a interdisciplinaridade; ou se a empresa está desenvolvendo uma cultura ESG, adquirir conhecimento nessa área é muito importante para o crescimento.

A – Aplicação do aprendizado:

De nada adianta consumir conteúdo e não o aplicar. A escolha certa das competências a serem adquiridas viabiliza a sua aplicação rapidamente, gerando agilidade na experiência.

Não é raro encontrar profissionais que colecionam diplomas de várias áreas do conhecimento, mas que não aplicam o aprendizado em seu trabalho. Talvez porque não avaliaram bem o conteúdo estudado ou não era o momento para aquela formação ou, simplesmente, falta-lhes atitude.

Por mais que pareça natural que a pessoa aplique sua formação profissional no trabalho, nem sempre é assim que acontece na prática. Por isso é tão importante avaliar corretamente o conteúdo e o momento de adquiri-lo. Será que é uma boa estratégia um jovem recém-graduado emendar uma pós-graduação sem experiência profissional? Talvez conhecer melhor sua área na prática, entender suas aptidões dentro dela, encaixar-se no mercado e na empresa em que trabalha, torne mais importante e proveitoso o curso a ser feito, pois terá condições de praticar seu aprendizado de forma mais rápida.

E – Estratégia:

Saber aplicar de forma estratégica os capitais intelectual e emocional, naturais ou adquiridos, canalizando os conhecimentos e as habilidades nas situações-chave, pode ser o fator decisivo e transformador da sua carreira.

Ou seja, ao final desta leitura você terá aprendido algumas técnicas, e ao perceber uma deficiência da sua equipe ou do próprio gestor em solucionar problemas com agilidade; por exemplo, é possível colaborar aplicando a técnica dos cinco porquês para encontrar o problema-raiz e resolvê-lo mais depressa. Isso é ser estratégico.

Na prática, significa gerir de forma intencional o próprio capital intelectual e emocional, ou seja, as competências técnicas e comportamentais, de acordo com as necessidades individuais, para atingir o próximo nível imediato, levando em consideração o tipo de estrutura em que se está investindo a carreira, bem como a cultura organizacional. É essencial aplicar esse aprendizado à medida que se adquire, adaptando-o às situações vividas no trabalho e administrar estrategicamente os passos seguintes.

A Tríade GAE pode ser praticada em empresas de qualquer tamanho, mas nas pequenas e médias ela surte efeitos rápidos, uma vez que há nelas menos pessoas ávidas em se destacarem profissionalmente, mais liberdade e espaço para expandir a criatividade em busca da solução de problemas e mais proximidade com os *stakeholders*[10], que, ao observarem comportamentos atípicos, acabam, involuntariamente, atuando como agentes divulgadores da sua persona, contribuindo para a construção da sua autoridade e da sua credibilidade.

E, para inspirar você a encontrar seu próprio modelo de atuação, vou compartilhar as habilidades, as atitudes e os comportamentos *empoderadores* para qualquer profissional, e aos quais atribuo a minha "virada de mesa".

---

10   São todas as pessoas, empresas ou instituições que têm algum tipo de interesse na gestão e nos resultados de um projeto ou organização, influenciando ou sendo influenciadas – direta ou indiretamente – por ela.

DIRECIONANDO A MENTALIDADE

Enxergar pela lente da abundância é ser capaz de perceber que há espaço para todos crescerem e se desenvolverem. Essa perspectiva é a lógica do compartilhamento, pois, se tem para todo mundo, podemos dividir para multiplicar. Por outro lado, enxergar pela lente da escassez é aplicar o conceito da falta para tudo na vida, como emprego, carinho, comida, tempo etc. É a lógica da competição, pois, se não tem para todo mundo, é preciso derrotar o outro, o que causa medo, insegurança e rivalidade.

Desenvolver a mentalidade da abundância significa enxergar possibilidades, mesmo em meio às mais complexas situações. Empresas diferenciadas, como Uber, Amazon ou Google, que desenvolveram negócios altamente disruptivos, pensaram em seus negócios de maneira abundante em um cenário inicial totalmente escasso. Acreditar que pessoas do mundo inteiro mudariam seus hábitos de consumo, a maneira como se locomovem, como pesquisam ou compram é acreditar na abundância, é enxergar um universo de possibilidades em um terreno vazio. Se tivessem enxergado apenas a escassez, por ninguém conhecer essas possibilidades ou por acreditar que as pessoas não mudariam seus hábitos, teriam, provavelmente, a visão bloqueada para a oportunidade de disrupção e crescimento.

Por meio da mentalidade da abundância, é possível tirar algo de bom de qualquer situação, ainda que seja saber o que não se deve fazer. Empresas e pessoas com visão de futuro estão cada dia mais voltadas para a mentalidade da abundância de oportunidades, possibilidades, responsabilidade social, inovação e crescimento.

Para identificar a mentalidade de escassez, observe o medo excessivo de mudança e de fracasso, o foco nas dificuldades, os comportamentos de resistência e de competição não saudável, e o medo de perder e errar. Pessoas com essa mentalidade se sentem vigiadas o tempo todo, enxergam oportunidades como obstáculos e direcionam a energia para evitar o pior em vez de para conseguir o melhor.

Grandes conflitos e guerras foram motivados pela mentalidade da escassez. A crença de que não haveria o suficiente para todos levava as pessoas a acreditarem que precisavam guerrear umas contra as outras para sobreviverem.

Para fugir da mentalidade da escassez, é importante conhecer histórias inspiradoras, acreditar em si e no negócio do qual você faz parte, evitando comparações e trocando experiências sem medo de compartilhar conhecimentos.

Quando eu era criança, minha mãe atuava como empresária e empreendedora no ramo de calçados. Certa vez, ouvi sua conversa com um de seus representantes comerciais, em que ela citava a fábula do vendedor de sapatos. Essa fábula nunca saiu da minha cabeça. Desde essa época, tive a dimensão de como o nosso olhar pode influenciar o curso da nossa história.

Eis a fábula:

> Um empresário do setor de calçados, precisando impulsionar suas vendas, chamou dois dos seus vendedores e lançou o desafio de vender todo o estoque da fábrica. Para isso, convidou-os a abrir um novo mercado. Ele mandaria os dois vendedores para a mesma localidade por três meses, em uma região inexplorada pelo setor. Mesmo sendo enviados separadamente, eles receberiam condições idênticas: o mesmo portfólio de produtos, tabela de preços, prazo de pagamento e de entrega

iguais; e as mesmas condições estruturais de transporte, de hospedagem e de alimentação.

Ao retornarem, o empresário os chamou para uma reunião e conversou isoladamente com cada um. O primeiro mostrava-se desanimado, cabisbaixo e, de imediato, relatou o insucesso da operação. Não havia vendido um só par e responsabilizava o mentor da ideia pelo fracasso, já que o tinha enviado para um lugar onde ninguém usava sapatos. Já o segundo mostrava-se muito animado e motivado. Cheio de planos para o futuro, relatou sua experiência de ter vendido todo o estoque de sapatos e finalizou parabenizando o mentor da ideia: "Quem escolheu esse lugar é um gênio, lá ninguém usava sapatos!"

Claramente, o primeiro vendedor tinha a mentalidade da escassez e enxergou dificuldade, enquanto o segundo tinha mentalidade da abundância e enxergou oportunidade. Essa fábula ilustra como duas pessoas, nas mesmas condições, podem enxergar por ângulos diferentes a mesma situação e de maneiras absolutamente distintas, motivadas por sua mentalidade.

Identificar esses comportamentos e direcionar a mentalidade para uma postura mais positiva em relação à vida nos liberta para aceitar o novo, para compartilhar experiências e soluções, ampliar os horizontes e aceitar as falhas como oportunidades de novos começos.

Como profissionais, isso significa compartilhar conhecimentos, formar equipes de alta performance, conceber modelos de negócio, implementar inovações disruptivas e criar para si e sua equipe oportunidades de crescimento pessoal e profissional. Esse comportamento gera confiança e credibilidade por parte dos superiores, ao mesmo tempo em que conquista a admiração e o respeito dos subordinados.

Outro comportamento da mentalidade da abundância é a clareza na condução e na documentação do trabalho. Uma vez que se acredita que há espaço para todos, que há outras boas oportunidades para você e para os outros, não há motivo para não ser transparente na condução da sua função. Documentar processos, manter arquivos organizados e trabalhar com transparência, de modo que qualquer pessoa possa se sentar na sua cadeira e conduzir seu trabalho, é o maior gatilho de confiança em si mesmo que alguém pode demonstrar. Mostrar-se como um profissional seguro de suas capacidades permite que as equipes e os chefes vejam você como alguém altamente confiável e cada vez mais imprescindível ao negócio.

Note que se ganha muito mais credibilidade quando se atua com segurança e se adota a mentalidade da abundância. A única coisa que se pode colher, agindo de modo contrário, é estabelecer uma relação de dependência da empresa, ou dos gestores, com você, o que é muito comum em empresas menores. A princípio, essa postura pode parecer mais segura, mas, em algum momento, os sócios da empresa podem se sentir ameaçados por perceberem que não estão no controle e vão adotar estratégias para tirá-lo do foco do negócio. Afinal, nenhum empresário quer um colaborador que detenha informações primordiais do negócio sem as dividir ou as documentar.

Demonstrar, por meio de ações, aos sócios e às equipes que você não está interessado em estabelecer uma relação de dependência pode proporcionar amplitude de desenvolvimento e acessibilidade às informações relevantes para o negócio, o que ajudará no seu crescimento, além de gerar confiança e credibilidade. Adotar esse tipo de mentalidade também gera autoconfiança na capacidade de vencer desafios, abre a mente para a disrupção e torna você naturalmente mais criativo para encontrar soluções. Enquanto a abundância expande, a escassez retrai.

Se você não está convencido de que dividir seus conhecimentos amplia suas capacidades e ajuda a construir sua autoridade, vou dar outro motivo para você não ter medo de compartilhar o que sabe. A maioria das pessoas não busca desenvolver o aprendizado, não pesquisa, não investe em si mesmo, por mais óbvio que isso seja para quem quer se desenvolver profissionalmente. Se comparadas com o seu conhecimento, as informações que você vai compartilhar não farão sentido para alguém que não busca qualificação. Eu lamento, de verdade, dizer isso, pois ter à nossa volta pessoas tão ou mais qualificadas do que nós é muito melhor do que ser um gavião em meio às galinhas, pois essa situação nos estimula a aprender cada vez mais e a crescer. Quanto maior o nosso aprendizado, maior a vontade de ser gavião em meio aos gaviões.

A construção da autoridade também é fomentada por meio da mentalidade da abundância, pois, quando conhecimentos são compartilhados, as pessoas ficam cada vez menos resistentes a ouvir o que você tem a dizer, passam a aceitar cada vez mais suas recomendações, levam mais em consideração suas opiniões e confiam mais em você. Como se não bastasse, essas mesmas pessoas vão se encarregar de expandir sua autoridade, falando bem de você e recomendando suas opiniões.

Você conhece as estratégias de marketing digital vendidas hoje em dia, em que se recomenda entregar conteúdo gratuito na internet, seja em vídeo explicativo, e-book, apresentações etc. (como se fosse uma grande novidade), para construir autoridade e atrair *leads* para seu produto ou seu serviço? Pois bem, as Moscas Brancas já fazem isso de modo analógico há muito tempo.

Conduzir a gerência ou a liderança com mentalidade de abundância não é uma atitude tão comum entre os líderes. É um diferencial com benefícios imediatos, admirável e libertador.

Acredito ter a tendência de pensar de maneira abundante, embora, em alguns momentos da vida, eu tenha canalizado minha mentalidade na escassez, diante de alguns percalços. Entretanto entendi que é possível controlar nossa mentalidade, não o tempo todo, mas ter a consciência dessa necessidade e praticá-la, sobretudo nos momentos mais importantes, pode significar uma virada de mesa.

A pessoa que mais me ensinou a expandir minha mentalidade de abundância, provavelmente, não saiba que fez isso por mim. Para ele, é tão natural ser assim que, talvez, nem perceba que existe outra forma de pensar. Meu antigo chefe e hoje meu sócio, Adilson Velasco, é, sem nenhuma dúvida, a pessoa mais abundante que já conheci. Ele coloca essa visão em tudo na vida, está no seu DNA, não tem esforço. Ele é abundante no relacionamento com as pessoas, em sua relação com o dinheiro, em seu modo de negociar e age com essa mentalidade nas relações pessoais e profissionais. Quando começamos a conviver, eu achava, em alguns momentos, seu excesso de abundância um desperdício de doação pessoal, de dinheiro, de tempo, de tudo. Pouco a pouco, fui percebendo que essas atitudes, que vão desde a escolha de um vinho até dividir sua empresa, só o expandiam. E quanto mais ele age assim, mais coisas boas surgem e ele se expande ainda mais. Essa natureza abundante é apenas a ponta de um iceberg de inteligência emocional natural. Enquanto eu o observava agir assim, estava agindo do mesmo modo com nossa equipe, sem perceber, estava dividindo e multiplicando, o que me faz pensar que as boas atitudes contagiam, além de despertar a gratidão e a vontade de devolver para o universo tudo de bom que atraímos.

NA PRÁTICA

Em qualquer fase da vida pessoal ou profissional, seja quando se é um assistente, analista, gerente ou dono da empresa, vigiar a mente para manter a mentalidade de abundância é mais do que uma escolha, é um dever que devemos assumir com nós mesmos, com nossa família, amigos e todos que nos cercam. Se praticada pelo coletivo, podemos construir não apenas uma empresa, mas também uma sociedade melhor.

É compreensível que aqueles que estão passando por momentos difíceis tenham mais dificuldade de enxergar a vida pelas lentes da abundância, mas, acreditem, nas grandes dificuldades é que pensar de maneira abundante faz a diferença.

Dividir os conhecimentos que você acumulou a custo de investimento de esforço e de dinheiro não significa se tornar uma enciclopédia ambulante e gratuita. Esse nobre comportamento pode ser usado com alguma estratégia em alguns momentos, observando com quem você está compartilhando, afinal, ser abundante não significa ser ingênuo.

SER ABUNDANTE COM OS MEMBROS DA EQUIPE QUE LIDERA

Formar uma equipe de alta performance é a coisa mais inteligente que um líder pode fazer. Dividir, sem medo, seus conhecimentos com a sua equipe transmite autoconfiança e respeito e denota que você não está por acaso nessa posição. Além disso, as realizações da equipe são suas realizações, assim como os erros dela também são seus. Se um membro da equipe se tornar melhor que você em algum tema, você deve prepará-lo para ocupar sua cadeira quando você subir de nível ou encarar como desafio para se qualificar ainda mais. Só não vale segurar informações ou conhecimentos travando o desenvolvimento da equipe e o seu próprio.

SER ABUNDANTE COM SEUS PARES

É ótimo ter pares de equipe para dividir e multiplicar conhecimentos. Uma troca saudável acontece quando a via é de mão dupla. Contudo nem sempre é assim que acontece na relação com pares, principalmente se concorrem à mesma posição. No que concerne ao fluxo de trabalho ou às atividades exercidas na empresa, temos a obrigação de dividi-los com qualquer colaborador. Já em relação a outros conhecimentos e habilidades, não é necessariamente uma obrigação, mas também é recomendável ser abundante e compartilhá-los, porém com um pouquinho mais de estratégia. Poucas atitudes evidenciam mais autoconfiança do que ajudar seu "concorrente", mas isso não significa resolver os problemas dele. Nesse caso, vale a pena prestar atenção no assunto que está sendo dividido, se não é algo que interfere na sua agenda ou no volume de informações que está sendo compartilhado, pois, direcionar é uma coisa, *mentorear* é outra, e se cobra por isso. Dar dicas, sugestões, ou apontar o caminho que você seguiria, já é de grande valia, e assim também ocorre a relação ganha-ganha, em que você o ajuda dividindo seus conhecimentos e ele o ajuda construindo sua autoridade. Quando somos reconhecidos por compartilhar nosso capital intelectual, ainda que não seja com o intuito de praticar a abundância, naturalmente, nossa marca pessoal é construída a partir da generosidade, conhecimento e autoridade.

SER ABUNDANTE COM OS *STAKEHOLDERS*

Aprendi muito com fornecedores nos meus tempos de compradora e, graças à abundância dessas pessoas, destaquei-me na minha função. Entendi que, quando eu ganhava, eles ganhavam também. Já como vendedora da minha própria marca, frequentemente, eu ajudava alguns clientes a construírem seus pedidos de compra, às vezes até diminuindo as quantidades, pois, se o produto encalhasse por excesso de estoque, não comprariam a próxima coleção. Essa atitude transmitia confiança e permitia que eles acreditassem cada vez mais nos meus argumentos de venda, gerando credibilidade.

SER ABUNDANTE COM SEU CHEFE OU SÓCIOS DA EMPRESA

Nessa relação, atenha-se ao O QUÊ, e não ao COMO. Se não são eles que vão executar a demanda, não há necessidade de perder tempo com a metodologia. Se eles não percebem dessa forma, cabe a você convencê-los de que o tempo deles deve ser usado para assuntos mais estratégicos, e que você conhece a demanda e pode executá-la. Se eles realmente querem entender o COMO, ensine-os, claro, mas não deixe de se colocar à disposição para executar.

Algumas outras formas de praticar a mentalidade de abundância no trabalho são:

- Diante de um problema, tente encará-lo por outro ângulo, transformando as dificuldades em oportunidades.
- Conduza o trabalho com clareza, mostrando confiança.
- Mostre-se disponível para ajudar.

- Encare os desafios. Coragem não é ausência de medo, é encarar, mesmo com medo.
- Acredite e faça com que acreditem que há espaço para todos crescerem e se desenvolverem.

Não vou dizer que é fácil nos manter abundantes o tempo todo. O importante é estarmos atentos e segurarmos as rédeas da própria vida, escolhendo nossa mentalidade, nossos pensamentos e nossas atitudes, durante a maior parte do tempo.

USANDO A CRIATIVIDADE PARA SOLUCIONAR PROBLEMAS

Existe uma crença de que criatividade é um dom concedido a poucos gênios capazes de escreverem boas histórias, aos artistas ou a cientistas que desenvolvem tecnologias inovadoras. Também, dependendo da forma como você foi criado ou de como foi a educação que recebeu na escola, talvez você tenha sido forçado a acreditar que não é uma pessoa criativa. Entretanto todos nós somos seres criativos.

O que muitos de nós não sabemos é que a criatividade não está na genialidade, mas nos pequenos detalhes do cotidiano. É aquele jeito único que você desenvolveu para fazer determinadas coisas em que consegue mais agilidade que as outras pessoas para obter as informações que precisa, como desenvolver uma planilha em Excel, por exemplo. Mas, se você não conhece o Excel, não vai desenvolver a capacidade criativa de produzir uma planilha nessa ferramenta que facilite seu trabalho.

Portanto criatividade se desenvolve com repertório. Quanto mais conhecimentos gerais e específicos você acumular, maior será sua capacidade criativa. A criatividade revela-se por meio de conexões de conhecimentos já internalizados. Por isso, é importante ter um bom repertório, o qual se constrói com leitura, estudo, vivência, bem como com as próprias experiências e as dos outros.

Quando o iPhone foi criado, já existiam a telefonia celular, a bateria de lítio, a tecnologia *touchscreen* e o *palmtop*. Logo, é fácil supor que Steve Jobs conectou todas essas tecnologias para imaginar um único aparelho que assumisse todas as funções. Alguém antes dele já tinha criado coisas nas quais ele pôde se inspirar para criar algo disruptivo.

Nessa lógica, poderíamos supor que quanto mais experiência profissional, maior a capacidade criativa, ou que as pessoas mais velhas tendem a ser mais criativas no trabalho que as mais jovens. No entanto o que vai diferenciar a capacidade criativa é a construção do repertório, a qual sobrevém por meio da assimilação das experiências de outros profissionais e de livros, leitura de *cases*, cursos, filmes, viagens, enfim, a vivência de cada um, e não da idade ou do nível de experiência.

Se a pessoa não investe em sua formação, assiste a apenas um gênero de filme, ouve sempre o mesmo tipo de música, não tem o hábito de viajar ou explorar o desconhecido, certamente, ela limita seu repertório a mais do mesmo. Por outro lado, ainda que tenha um conjunto de informações inferior a uma pessoa mais jovem, mas com hábitos que o ajudam a ampliar seus conhecimentos, consequentemente, terá a criatividade mais estimulada.

A experiência profissional conta muito, pois as empresas têm problemas muito parecidos, e é possível adaptar uma solução criada em outras empresas na atual e conseguir bons resultados. Entretanto não se pode contar apenas com isso, sobretudo em um momento de tantas mudanças, em que as empresas estão se reinventando, novos negócios estão surgindo e não há como desenvolver a capacidade de disrupção apenas com o repertório construído com soluções praticadas no passado.

Existem várias maneiras de impulsionar a criatividade, e a mais interessante delas é investir na curiosidade. Estudar coisas novas, desenvolver novos hábitos e fazer coisas diferentes ou de formas diferentes que, a princípio, não seriam sua primeira opção, mas que podem ampliar sua capacidade de visão. Ter a curiosidade de assistir a um filme ou uma série ou ler um livro que você normalmente não escolheria pode trazer visões e informações que você não teria e levá-lo a enxergar uma possível solução de um problema.

Um excelente exemplo de que a criatividade está nas pequenas coisas é um *case* da empresa Kimberly-Clark, fabricante do papel higiênico Neve, a qual, usando a criatividade, conseguiu reduzir em 18% o espaço utilizado na armazenagem e no transporte e em 13% o consumo de filme plástico, apenas compactando as embalagens.

Desenvolver essa habilidade de encontrar soluções simples para problemas complexos é um grande diferencial. Além disso, conhecer e estudar *cases* como esse ajudam a inspirar a pensar "fora da caixa", a olhar os problemas por outro ângulo e propor soluções que ninguém imaginou. Talvez, nem tivessem enxergado o problema até alguém trazer a solução ou, quem sabe, havia uma equipe de executivos pensando em soluções de logística ou uma consultoria sugerindo projetos caros e alguém foi lá, amassou as embalagens e obteve ganho financeiro com uma solução simples e barata.

Assim como podemos perceber a criatividade como algo que transcende à lógica, não podemos ignorar o quanto a lógica pode impulsionar a criatividade na resolução de problemas.

A palavra disrupção significa a interrupção do curso natural de algum processo. Esse termo foi criado por Clayton Christensen, professor da Harvard Business School, que interpreta a disrupção como um processo em que um produto se torna popular a ponto de criar um mercado ou substituir um mercado já existente e consolidado.

Em alguns casos, podemos associar o "curso natural" à lógica. Até 2009, o serviço de táxi resolvia parcialmente nossos problemas de locomoção e, como qualquer serviço, poderia ser melhorado, mas, na época, não era lógico que precisássemos de algo tão prático e inovador como o transporte por aplicativo, criado a partir da disrupção.

A lógica também pode ser usada a serviço da criatividade, justamente porque a criatividade está na simplicidade, que é um recurso que pode ser usado por qualquer pessoa ou situação. Segundo Charles Sanders Peirce (filósofo, pedagogista, cientista e matemático estadunidense,

1839-1914), "o trabalho do poeta ou do novelista não é tão profundamente diferente do trabalho do homem da ciência".

Cientistas e artistas adotam a lógica para desenvolverem novas técnicas de arte ou realizarem descobertas científicas, seguindo passos semelhantes, como:

1. Percepção de que o modelo existente ou a forma clássica não atendem à nova realidade.
2. Rejeição à crença anterior e busca por hipóteses que possam explicar o evento em questão.
3. Admissão da técnica ou descoberta como hipótese plausível, com a crença da resolução de um problema.

Como exemplo, a lógica de que não havia linhas na natureza impulsionou os artistas impressionistas a desenvolverem uma nova técnica de pintura, como fizeram Monet e Renoir, e como fez Johannes Kepler, astrônomo alemão, ao desenvolver o cálculo da órbita de Marte e concluir sua forma elíptica, segundo Peirce. Dessa forma, podemos concluir que a criatividade, com ou sem lógica, está em todos os lugares.

Existem muitas técnicas que podem ser usadas para estimular a criatividade. Entre as técnicas de livre associação de ideias, lista de atributos, intuição consciente, criatividade Delphi, inversão de hipóteses e outras, destaco:

1. BRAINSTORMING

Essa técnica é a minha preferida e dá ainda mais certo quando não nos propomos a praticá-la. Marcar hora para ser criativo pode gerar pressão e bloquear as ideias, ao passo que usar essa técnica naturalmente tende a dar melhores resultados. Ao debater a questão, inesperadamente, com os envolvidos ou com quem já esteve em situação semelhante e, então, deixar fluir as ideias mais malucas, sem preconceitos ou pré-julgamentos, apenas brincando de "e se...", após eliminar o que é inadequado e refinar o que parece loucura, podem surgir soluções, novas ideias e, quem sabe, novos negócios. Gosto de imaginar que negócios como Facebook ou Google foram criados assim. Alguém disse: "E se criássemos uma rede social eletrônica, e se pudéssemos ter comunidades nela, e se pudéssemos compartilhar fotos...".

2. TÉCNICA DA DESCONTINUIDADE

Trata-se do que já comentamos aqui. Realizar pequenas mudanças ou fazer a mesma coisa de diversas maneiras. Isso contribui para forçar nossa mente a ver o mundo de forma diferente ou inovadora. Pequenas mudanças, como assistir a filmes de gêneros distintos, ler livros que normalmente não você escolheria e, até mesmo, se locomover para o trabalho por um caminho diferente no trânsito etc., estimulam a mente a ser mais criativa, pois nos habituamos a aceitar uma visão de mundo diferente da que estamos acostumados, e, ao aumentar o repertório, temos mais chances de criar conexões.

Nossa mente tende a ficar bloqueada por causa da rotina, e incentivá-la a buscar novas linhas de raciocínio, embora seja difícil quebrar certos padrões, é um exercício interessante para desbloquear a criatividade. Acreditem ou não, já tive *insights* interessantes assistindo à série *Keeping up with the Kardashians*[11]. Tudo bem, podem me julgar, mas não se pode negar que elas entendem de empreendedorismo.

3. MAPA MENTAL E CONCEITUAL

O mapa mental serve para dar total liberdade à mente, como um *brainstorm* solitário, bastante útil para aqueles perfis mais visuais. A partir de uma ideia central, ramificamos com ideias derivadas, como se fosse uma árvore. Várias linhas devem ser desenhadas e, no final delas, colocamos uma palavra-chave. A ideia é deixar a mente fluir e gerar opções diferentes a partir de cada palavra-chave. Ao final do processo, avaliamos o que pode ser aproveitado.

---

11 Série de *reality show* americano da família Kardashians.

Por ter um perfil "executor/analista", eu sou adepta do mapa conceitual, que é um conceito mais parecido com um fluxograma que evidencia a lógica de cada opção desenhada. Ele foi originalmente baseado no conceito da aprendizagem significativa, que é quando uma nova aprendizagem adquire significado para o aprendiz. Nesse processo, cria-se uma interação entre o novo conhecimento e o já existente, em que ambos se modificam. Funciona bem para quem tem bom raciocínio lógico.

4. *DESIGN THINKING*

É uma abordagem colaborativa, uma construção em grupo entre equipes multidisciplinares normalmente associada ao desenvolvimento de produtos e de serviços. Essa técnica é considerada mais humana por respeitar as experiências dos indivíduos. Sem partir de uma premissa engessada, cria-se condições para o surgimento de *insights* a partir de quatro etapas:

- **Imersão:** etapa da pesquisa, incluindo análise SWOT, *benchmarking*, *big data* e *feedback* dos clientes.
- **Ideação:** identificação dos pontos que podem ser melhorados, por meio de mapas mentais e *brainstorming*, por exemplo. Nessa etapa, a equipe deve estar à vontade para divulgar seus *insights*.
- **Prototipação:** etapa de testar protótipos, a fim de identificar possíveis falhas ou melhorias necessárias.
- **Implementação:** seguindo uma estratégia de marketing, é hora de lançar a ideia, o produto ou o serviço.

Dependendo do perfil profissional e do momento de vida de cada um, há uma técnica mais apropriada. O que serve para mim não necessariamente serve para todos, e o que nos serve hoje pode não ser a melhor escolha amanhã. Ter a sensibilidade de entender o momento e praticar novas técnicas que contribuem para estimular a criatividade a serviço da solução de problemas pode fazer a diferença.

NA PRÁTICA

Passei a maior parte da minha vida negando a criatividade, por demorar a entender exatamente o que ela significa. O entendimento de que a criatividade se manifesta nas pequenas coisas e pode ser usada para resolver problemas – não apenas nas artes – me fez perceber que todos nós somos criativos.

Outra grande contribuição foi a percepção de que era possível usar a criatividade a partir de minhas características naturais. Como meu lugar de conforto é a lógica, derrubar o padrão de que criatividade e lógica formam um dualismo foi o gatilho para a mudança de mentalidade. Esse é um excelente exemplo de como o autoconhecimento é capaz de nos transformar, derrubar padrões e nos direcionar rumo aos nossos objetivos.

Eliminar preconceitos de toda natureza também contribui bastante para o despertar da criatividade. Por esse motivo, qualquer leitura, por exemplo, de revista de moda, artigo científico, bula de remédio, enfim, toda fonte pode ser um gatilho para uma conexão que nos leva a uma nova ideia ou à solução de um problema.

Mesmo quando nos reconhecemos como pessoas criativas, podemos e devemos usar as técnicas que nos ajudam a enxergar o real problema e a solução. Algumas técnicas podem ser aplicadas para resolver uma situação pontual ou um problema urgente como um *brainstorming*, por exemplo. Já outras têm de ser praticadas, de modo a condicionar nosso cérebro a usar a técnica de forma natural em diversas situações – e isso acontecerá ao longo do tempo. Logo, as técnicas não são excludentes, e, quanto mais as usarmos, maior será a nossa habilidade de criar.

No universo do trabalho, criatividade é uma das competências capazes de distinguir o bom profissional do excepcional, ou seja, é o que distingue o colaborador que realiza bem suas tarefas daquele que pensa em algo que os demais não pensaram.

Conto a seguir uma experiência muito interessante, na qual foi usada a técnica de *brainstorming*. No prédio comercial em que nosso escritório se situa, meu sócio mantinha uma sala vazia. Nossas colaboradoras pediram para instalar nela um refeitório improvisado com mesas, cadeiras e forno micro-ondas, para economizarem o vale-refeição. A princípio, achamos um desperdício, já que a sala poderia ser alugada para reduzir as nossas despesas, porém gostaríamos de contribuir com nossas colaboradoras para que pudessem se alimentar melhor com refeições caseiras, além da consequente economia. Sem marcar hora para sermos criativos, meu sócio e eu começamos a conjecturar possibilidades, fazendo uso do "e se...", até concluirmos que outros condôminos do mesmo prédio também poderiam se interessar por um ambiente de descompressão. Assim, mais um negócio foi criado, o Co-Lounge, que é uma empresa de descompressão compartilhada, equipada com todo mobiliário de uma cozinha, além de sofás, *wi-fi* e TV. Nesses ambientes, qualquer frequentador do prédio, por uma mensalidade, pode usufruir de um ambiente agradável e bem equipado para tomar café da manhã, almoçar, descansar ou até trabalhar como em um *coworking*.

O processo de criar soluções começa com a definição clara do problema. Comumente, identifica-se o problema, para, então, buscar soluções que já existem, e não o contrário. Com o "*case* do elevador", exposto a seguir, podemos entender facilmente a dinâmica de encontrar a causa de um problema.

Uma loja de departamentos recebia, todos os dias, inúmeras reclamações por causa da velocidade do elevador disponibilizado aos clientes. Após um tempo, os gestores acionaram a equipe de manutenção, que acionou o fabricante, com o intuito de, obviamente, tornar o elevador mais rápido. Entretanto o limite de velocidade segura já havia sido atingido. Depois disso, alguém teve o cuidado de procurar o problema-raiz, de olhar para a questão por outro ângulo e, então, descobriu que o problema não era exatamente a velocidade da máquina, mas, sim, que o seu entorno era inóspito, sem atrativos ou distração. Então, ao aguardar o elevador, tinha-se uma sensação de espera muito maior, causando irritação nos clientes. Portanto o problema-raiz era a falta de atratividade no *hall*. Segundo estudos, o simples fato de instalar espelhos, gôndolas de livros e uma TV exibindo as ofertas diminuiria grande parte das reclamações de forma simples e barata.

Conhecendo o real problema, precisamos classificá-lo como simples ou complexo. Os problemas simples, em geral, não exigem muita criatividade e podem ter soluções simples, logo, não há razão para desperdício de energia para solucioná-los. Já os problemas complexos, muitas vezes, necessitam de soluções inovadoras, que exigem o emprego da criatividade. Nessas situações, além de empregar as técnicas que mais se adaptam, outra ferramenta propícia é responder algumas perguntas-chave, como:

- Qual problema, de fato, precisa ser resolvido?
- Para que preciso resolvê-lo?
- Quais são as causas?
- Quem são os envolvidos?
- Quais são os recursos para a solução?

À medida que as perguntas são respondidas, podemos envolver aqueles que fazem parte do problema, direta ou indiretamente, na busca por soluções, ouvindo suas ideias e pontos de vista e, ao formar essa equipe multidisciplinar naturalmente, alguma solução criativa poderá surgir.

No capítulo "Desafiando o *status quo*", cito outra técnica para encontrar o problema-raiz, que também pode ser usada a serviço da criatividade: a Técnica dos Cinco Porquês.

Não podemos esquecer que a construção de um repertório de qualidade faz toda a diferença nesse momento. Usar a internet de forma inteligente, informar-se, assistir a filmes, séries ou documentários, ler, ouvir músicas e viajar são ações prazerosas que podem ajudar a ampliar nossos horizontes e contribuir para o desenvolvimento da nossa criatividade.

APLICANDO A FÓRMULA MÁGICA

Os princípios de uma pessoa são resultado de seu conjunto de crenças e valores. Conscientes ou não, todos nós possuímos crenças e valores. Isso também acontece com a pessoa jurídica, pois, por meio de sua missão, visão e valores, ela comunica suas crenças e indica onde e como quer chegar.

A consciência dos próprios valores, tanto para a pessoa física como para a jurídica, influencia diretamente nas tomadas de decisões. Ao entender quais são esses guias, também entendemos os direcionamentos que seguiremos ao longo da vida.

E se fizéssemos como as empresas e escrevêssemos nossa missão, visão e valores pessoais, e, a cada necessidade de tomar uma decisão difícil, consultássemos esses que definimos como nossos próprios pilares, para nos ajudar a decidir algo importante ou seguir uma direção? O que você escreveria?

Talvez, esse seja um exercício interessante para nos lembrar por que aceitamos aquela proposta de emprego, o que estamos realmente buscando, onde deveríamos estar a essa altura de acordo com o plano original, o que fazer para chegar lá. Usá-lo como guia para não nos perdermos no caminho ou até para mudar o plano.

Como profissionais, precisamos, primeiramente, ter consciência dos nossos próprios valores e da cultura que implantamos na nossa própria vida. Depois, observarmos a cultura organizacional da empresa na qual trabalhamos, o que facilita entender o nível de alinhamento. Esse entendimento nos ajuda a enxergar a possibilidade, ou não, de investir o nosso futuro profissional em determinadas organizações, especialmente quando não há uma identificação da cultura do profissional em relação à empresa. Imagine que a empresa em que você trabalha tenha uma conduta negacionista em relação ao meio ambiente, e você pretende fazer carreira como gestor ambiental; nesse caso, você pode decidir focar na mudança dessa cultura ou procurar uma empresa alinhada à sua cultura, colocando o foco no seu desenvolvimento.

O importante é saber onde você está pisando e ter subsídios para planejar seu futuro profissional, bem como planejar o desenvolvimento dentro da própria organização. Imagine, agora, que a empresa tem registrado, na sua cultura, o objetivo de se tornar a maior empresa de tecnologia em determinado segmento, e seu objetivo é ser um tecnólogo nessa área. Claramente, você sabe que pode começar, nessa empresa mesmo, a desenvolver *network*, investir capital intelectual alinhado aos objetivos da empresa, notar os comportamentos primordiais a serem adquiridos de acordo com essa cultura; enfim, adotar condutas que lhe permitam, em conjunto com a organização, obter seu próprio desenvolvimento profissional e, ao mesmo tempo, ajudar a fomentar o desenvolvimento da empresa, caminhando na mesma direção. As chances de sucesso são mais promissoras quando existe esse alinhamento.

No entanto não se deve considerar apenas aquela cultura ou conjunto de missão, visão e valores que estão estampados na parede ou descritos no *website*. Trata-se da cultura de verdade, do cotidiano, de como a empresa se posiciona diante de polêmicas internas e externas, dos valores que ela usa para conduzir seu capital humano etc. Afinal, sabemos que a maior parte das empresas de pequeno e médio porte não valoriza – ou simplesmente não conhece – a importância de definir e divulgar sua cultura organizacional. Várias delas, quando fazem isso, ocupam-se em escrever um texto bonito apenas para assinalar o *checklist* do manual do Sebrae. Sem se preocupar em definir a verdade de suas crenças e sua visão de futuro, as empresas perdem uma boa oportunidade de guiar as ações de seus colaboradores.

Cultura organizacional, de uma forma bem prática, é a forma como o colaborador age quando o chefe não está olhando, é o tratamento que o atendente oferece ao cliente quando não está sendo fiscalizado, é o presente que o comprador recusa e ninguém fica sabendo, é a maneira como a maioria reage diante de um problema etc.

Como profissionais comprometidos com a organização, podemos propor a construção ou a reavaliação da cultura organizacional, mostrando os benefícios para todos os envolvidos, que são os apresentados a seguir.

BENEFÍCIOS PARA A PRÓPRIA EMPRESA

A empresa deve se valer da oportunidade de comunicar suas crenças a seus *stakeholders* (todos os envolvidos com a empresa, como colaboradores, clientes e fornecedores), divulgando sua missão, visão, valores e cultura, a fim de guiá-los na condução harmônica e produtiva do negócio. É menos provável que um fornecedor se sinta à vontade para oferecer vantagens e benefícios pessoais aos compradores de uma empresa, ou que estes os aceitem, se a empresa comunicar seu posicionamento ético de forma austera, preparando e treinando sua equipe com base nesse posicionamento. Para algumas pessoas, não se posicionar pode significar conivência ("ninguém disse que não podia, logo...").

Comunicar crenças de forma clara guia um colaborador em sua tomada de decisão em nome da empresa, evitando que ele o faça com base em suas próprias experiências ou em crenças pessoais, que nem sempre estão alinhadas com as crenças da empresa. Ainda, guia os próprios sócios ou colaboradores da área de gestão a construírem estratégias fundamentadas na visão da empresa, e não em suas próprias.

BENEFÍCIOS PARA OS COLABORADORES

Tendo consciência da cultura organizacional, os colaboradores Moscas Brancas serão mais certeiros na condução do seu trabalho, pois usarão a cultura da empresa para embasar suas ações e decisões, acertando mais do que errando, além de analisarem se essa cultura está alinhada às suas próprias para, assim, planejar seu futuro profissional e decidir se é nesse lugar em que investirão seu tempo, seu capital intelectual e suas expectativas profissionais. Imagine um indivíduo extremamente conservador e inflexível trabalhando em uma empresa que se posiciona de forma liberal, que fomenta a diversidade e que alicerça suas atitudes na pluralidade. As chances de ele estar perdendo tempo nessa empresa, bem como de a empresa, com ele, são grandes, e o conflito iminente custa caro para ele próprio, para a empresa e para a equipe. Detectar o desalinhamento de cultura e de propósitos em relação à empresa representa o primeiro passo para um replanejamento na carreira, pois, com essa informação, o colaborador pode se preparar para buscar novas oportunidades. Não dá para crescer e se desenvolver tão pouco para ser uma Mosca Branca em uma empresa com a qual não há identificação cultural.

Já ouvi, algumas vezes, de colegas e familiares, depoimentos emocionados sobre experiências que tiveram em que, ou se culpavam pela frustração de não terem evoluído profissionalmente em determinada empresa, ou culpavam a organização por não devolver de nenhuma forma, toda sua dedicação e comprometimento. Mas, ao ouvir essas histórias, ficava muito claro que não havia responsabilidades a serem apuradas, mas desalinhamento cultural. Como se cada um, colaborador e empresa, estivessem caminhando em direções opostas, querendo e buscando coisas diferentes.

BENEFÍCIOS PARA OUTROS *STAKEHOLDERS*

Clientes, fornecedores, prestadores de serviço, enfim, todos aqueles que se relacionam com a empresa também podem se beneficiar do conhecimento da cultura organizacional, e a empresa, por sua vez, pode se beneficiar do conhecimento deles a respeito de sua própria cultura. Cada vez mais, as pessoas buscam conexão com uma marca, um produto ou querem estar alinhadas com determinadas condutas. Comunicar-se com os clientes por meio da cultura pode significar um aumento expressivo de vendas (por exemplo, o observado em empresas de cosméticos que se posicionam contra testes em animais, como empresa e produtos veganos etc.), assim como pode resultar em parcerias expressivas com fornecedores estratégicos, derivadas de ações de colaboradores sintonizados com a cultura organizacional, pois as ações de acordo com a cultura de inovação, por exemplo, podem despertar o interesse de um fornecedor em formar parceria para um novo projeto.

Lembro-me de, como compradora, passar muitas horas do meu dia conversando com fornecedores e encontrar ou permitir que eles encontrassem oportunidades de negócio com base na cultura organizacional. Por exemplo, se eles citassem uma visão da empresa de se posicionar no mercado como a marca de *lingerie* mais confortável, enquanto eu tinha em mente uma campanha de tabloide baseada em conforto. Era a ocasião perfeita para eu conseguir uma boa negociação, mostrando a oportunidade de eles se expandirem como uma marca confortável por meio de uma campanha de magazine com grande potencial de alcance.

O trio missão, visão e valores de uma empresa é frequentemente mal-empregado e, para muitos, é apenas um protocolo. Quando usado como mero objeto de decoração, renuncia-se a um recurso poderoso de desenvolvimento da gestão estratégica. Contudo, se escrito com verdade, baseado nos reais propósitos e mostrando onde se pretende chegar, o trio pode realmente ser um guia para todos os envolvidos de como proceder em várias situações, atrair colaboradores engajados, guiar a cultura organizacional e planejar negócios diferenciados, além de evitar o personalismo na tomada de decisões.

Colaboradores em qualquer nível tomam decisões diariamente em nome da empresa, seja a recepcionista, ao atender ao telefone, seja a alta diretoria, ao definir estratégias. Imagine um técnico de manutenção que, por falta de clareza da cultura organizacional – que inclui o manual de conduta, de normas e de procedimentos –, decide, com base em sua crença pessoal, ser mais econômico recauchutar uma peça em vez de trocá-la, conforme recomenda o fabricante do equipamento, e, por isso, causa um grande prejuízo para a empresa, parando a produção, aumentando o custo de manutenção etc. As decisões da equipe precisam ser fundamentadas, não podem ser tomadas com base no bom senso ou em crenças pessoais. Quem dá esse norte é o conjunto da construção da cultura organizacional.

Se você quer acertar frequentemente nas decisões tomadas em nome da empresa, deve estar atento à cultura organizacional verdadeira e, de preferência, alinhado a ela, evitando confundir as próprias crenças com as da empresa, inclusive, no que diz respeito à política, à religião ou a outras ideologias. Claro que todos nós temos direito à individualidade e à opinião própria, mas não devemos usá-las para falar em nome da empresa ou tomar decisões. Assim como não somos obrigados a adotar posicionamentos políticos ou religiosos da empresa em nossa vida particular.

NA PRÁTICA

Se você trabalha na área administrativa de uma pequena ou média empresa, pode sugerir uma proposta de construção, revisão ou aplicação da cultura organizacional, apresentando os argumentos citados. Demonstrar preocupação com a profissionalização do negócio é uma grande evidência de seu engajamento.

Dependendo do momento da empresa e do real interesse dos gestores ou dos sócios, esse trabalho pode ser feito por meio de uma consultoria de recursos humanos, que pode colaborar de forma mais profissional, ajudando a definir a cultura, redesenhando o organograma, definindo os papéis dos colaboradores, dos próprios sócios etc. Se a empresa não pode ou não se sente segura em fazer esse tipo de investimento, vale muito a pena realizar o trabalho internamente, ainda que não seja tão profissional. O importante é começar; afinal, a consultoria vai apenas guiar, pois quem constrói a cultura organizacional são os sócios, que, normalmente, envolvem seus colaboradores-chave para formar uma equipe para esse trabalho. Para tanto, há uma infinidade de livros, artigos, *websites*, manuais e até *softwares* que auxiliam na construção da cultura da empresa, os quais você mesmo pode consultar, estudar e os anexar à proposta, para o início do projeto.

Se a empresa já possui sua cultura organizacional bem construída, você, em qualquer departamento que trabalhe, pode colaborar com a checagem da aplicação da cultura, pois construí-la é uma coisa, colocar em prática é outra. Não raramente, as empresas investem na construção da cultura, e seus colaboradores nem sabem da existência dela. Quando muito, um dia, acessaram o *website* e viram as tais missão, visão e valores, mas não entenderam bem para que servem. Nessas situações, é importante propor treinamento para a divulgação da cultura e, posteriormente, planos estratégicos e ferramentas para checar a aplicação. São formas de mostrar interesse e colaborar para o desenvolvimento da empresa.

Para aqueles que são ou querem ser Moscas Brancas, fica a tarefa de refletir sobre os próprios propósitos, sua visão, missão e valores pessoais, e compará-los com os da empresa, a fim de perceberem se há alinhamento. Caso detecte um desalinho, antes de qualquer decisão drástica, avalie a proporção e a possibilidade de alinhá-los, tanto os da empresa como os próprios, para, então, chegar a uma conclusão sobre seu futuro profissional.

Como experiência pessoal, a empresa em que trabalhei antes de me tornar sócia não tinha uma cultura organizacional construída, nem no papel, nem na prática, pois se tratava de um negócio novo. Ao propor a construção da cultura, foi preciso reunir os sócios e discutir missão, visão e valores. Já naquele momento, ficou claro que eles nutriam expectativas diferentes quanto ao crescimento e ao desenvolvimento do negócio. Enquanto um imaginava um futuro de estabilidade e crescimento moderado, o outro, até por sua característica profissional altamente empreendedora, demonstrava interesse em um desenvolvimento robusto e acelerado. Não houve conflito na construção da visão da empresa, pois ambos cederam e construíram uma visão que não refletia a expectativa de nenhum deles. Saber disso e perceber que a empresa e os sócios tinham muito potencial de desenvolvimento, e a impressão de que não resistiriam às oportunidades de crescimento que certamente viriam, ajudaram-me a entender e planejar minha permanência e meu desenvolvimento na empresa.

No processo de construção da missão da empresa, um dos sócios demonstrava preocupação genuína em acrescentar um trecho que citava a expectativa de proporcionar oportunidade de crescimento, desenvolvimento e enriquecimento de seu capital humano. A construção dessa missão me guiou por anos, como gerente, na condução das diretrizes de recursos humanos, pois, se eu quisesse acertar mais do que errar, teria que alinhar minha conduta aos propósitos da empresa, concordando ou não em determinados momentos e agindo sob essa ótica, e não sob minhas próprias crenças.

Esse foi, sem dúvida, um dos fatores que contribuíram para a construção da minha credibilidade e minha autoridade. Credibilidade porque, em virtude do alinhamento da minha conduta com os propósitos da empresa, os sócios me viam como alguém em que se podia confiar as decisões. Autoridade porque as tomadas de decisões certeiras e consecutivas, não apenas nas questões de recursos humanos, mas também e nas demais, destacavam-me como alguém que conhecia as demandas e tomava as decisões que eles, os sócios, tomariam. Essas ações repetidas nos colocam em uma posição de autoridade sobre as diretrizes, condutas e decisões tomadas em nome da empresa.

Ainda que nossa atividade não nos permita contribuir com a construção da cultura organizacional, o melhor ganho que podemos ter é usá-la a nosso favor. Alinhar a nossa conduta, desde que haja identificação, à cultura da empresa pode causar a sensação, aos sócios ou aos gestores, que adivinhamos seus anseios, que tomamos muitas decisões certeiras e que colaboramos com os objetivos da organização intuitivamente, quando, na verdade, muitas vezes, a "fórmula mágica" pode estar estampada nas paredes, mas apenas as Moscas Brancas dão a devida importância e sabem tirar proveito delas.

INCORPORANDO O GANHA-GANHA

Se duas pessoas querem o mesmo limão, podemos afirmar que temos um conflito. Se elas decidem ficar com metade cada uma, podemos dizer que elas realizaram um acordo. Se somente uma delas fica com o limão, determinou-se uma relação ganha-perde. Se por meio do diálogo e da vontade genuína de resolver o conflito, elas descobrem que uma quer as raspas do limão para a cobertura do bolo e a outra quer o suco para preparar uma mousse, ambas conseguem o que desejam. Isso é ganha-ganha.

Podemos aplicar essa mentalidade em todas as áreas da vida, pois negociamos o tempo todo. Imagine uma situação caseira em que é preciso negociar com seu filho a hora do jantar, que coincide com o horário de uma *live* que ele aguarda. A solução ganha-ganha poderia ser mudar a hora do jantar para seu filho poder assistir à *live* e garantir a plena atenção de ambos na hora da refeição ou gravar a *live* para assistirem juntos após o jantar.

Há estudos que comprovam que aplicar a relação ganha-ganha entre pais e filhos aumenta a autoestima e a cooperação das crianças, pois, com isso, elas se sentem valorizadas e compreendidas. Em uma empresa, não é diferente.

Adultos também querem se sentir compreendidos e valorizados. Nas relações comerciais que vivenciamos no cotidiano, tanto com colaboradores quanto com colegas, fornecedores ou clientes, esperamos a cooperação do outro em relação ao nosso trabalho e, da mesma maneira, precisamos compreendê-los. Embora esse entendimento seja bastante óbvio, trocar a competitividade na negociação pela mentalidade ganha-ganha nem sempre é tão simples.

Apesar de em uma negociação não haver garantia de resultado positivo para ambas as partes, está no controle do negociador comprometer-se a praticar a mentalidade que tenha a essência em que todos ganham.

A maioria de nós age, inconscientemente, com a mentalidade ganha-perde, já que fomos condicionados a acreditar que, para um ganhar, o outro, necessariamente, tem de perder, como acontece na maioria dos esportes, em que o objetivo é, justamente, alguém sair vencedor. Entretanto uma negociação não precisa ser assim; um negociador habilidoso pode iniciar uma abordagem focada em valores, em que as trocas aumentam cada vez mais à medida que a outra parte corresponde reciprocamente. Como podemos observar em uma das poucas exceções à regra dos esportes, como é caso do jogo de frescobol – em que a dupla tem como objetivo deixar a bolinha cair o menor número de vezes possível – as equipes jogam no mesmo lado, focadas no ganha-ganha. Se uma delas perde, a outra perde também.

Uma pequena ou média empresa nem sempre tem muito poder de barganha, nem para comprar nem para vender. Nessa ótica, ter o ganha-ganha e evitar o perde-ganha na sua cultura e conduta podem ser um fator muito importante para o crescimento. Já em grandes empresas, sobretudo nas líderes de mercado, o ganha-ganha é mais valorizado quando se negocia com outro gigante. Quando as duas partes não estão em igualdade, é bem comum que os representantes das grandes empresas se posicionem com certo grau de superioridade, valendo-se da importância de ter seu nome no portfólio do fornecedor ou cliente.

Todavia colaboradores de qualquer tipo de empresa que focam no ganha-ganha, ao exercitarem essa importante habilidade em qualquer estrutura, desenvolvem-se profissionalmente e registram seu nome no mercado como um negociador ético e eficaz.

Também há situações em que perder é ganhar. Pode não significar ganhar exatamente o que estava sendo negociado, mas, por outro ângulo, pode ser algo muito melhor, como respeito, confiança, credibilidade ou oportunidade. Esse tipo de negociação pode ser estabelecido quando se pensa em longo prazo.

Um negociador de mentalidade abundante entende o verdadeiro sentido da competição e sabe quando ela é realmente necessária. Não quer dizer que competir seja ruim, apenas que não precisa ser a base de todas as negociações.

Nem sempre o ganha-ganha é possível. Há negociações difíceis, pessoas difíceis de negociar, enfim, é preciso estar preparado para outros tipos de negociações. Precisamos saber jogar tênis e frescobol, e avaliar o melhor momento de praticar cada um.

Podemos adquirir algumas habilidades que podem ser úteis em qualquer situação. Transmitir confiança, por exemplo, é decisivo no universo do trabalho em geral, sobretudo em uma negociação. Ser ou, no mínimo, parecer ser seguro, além de melhorar a comunicação, ajuda a influenciar e a conquistar as pessoas. A leitura corporal e gestual mostra sinais que podem ser compreendidos como reatividade ou disponibilidade no andamento de uma negociação. Outro artifício eficiente é trocar vocabulários imprecisos, como "eu acho", por uma versão mais confiante, como "eu acredito". Essa pequena sutileza demonstra a confiança do negociador.

Pessoas bem-humoradas também passam mais confiança. Apostar no humor em momentos apropriados descontrai o clima e direciona a atenção, assim como manter o contato visual e o tom de voz firme e confiante dizem mais sobre nós do que podemos supor. Enfim, vale a pena conhecer mais profundamente técnicas de negociação e adotar algumas delas como comportamento profissional.

Não é apenas na negociação com os fornecedores e clientes que o ganha-ganha pode e deve ser aplicado, mas também nas relações de um modo geral, inclusive com os colaboradores. Líderes e gestores que abrem mão dessa prática perdem mais do que ganham, pois se foi o tempo do "manda quem pode e obedece quem tem juízo". Para preservar talentos importantes para o negócio, estamos mais para "mandar ninguém pode, lidera quem tem juízo". A condução da liderança sempre vai esbarrar no tipo de comunicação e de negociação que se vai adotar. Negociar ganha-ganha com colaboradores, algo impensável há décadas, é essencial para manter os bons profissionais. Colaboradores que pensam de maneira abundante sempre vão acreditar que há outras boas oportunidades no mercado e não vão aceitar desmandos de líderes ou de empresas sem propósitos alinhados aos dele.

NA PRÁTICA

Como compradora, vivenciei, por alguns anos, pessoas, formas e técnicas muito diferentes de negociar, o que me permitiu aprender a desenvolver a minha própria e a reparar nas técnicas próprias das pessoas, aquelas que estão fora dos manuais de boas práticas do comprador, sejam positivas, sejam negativas. Essa observação deve ser usada para prever os desfechos concretizados no passado e mudar a direção, tanto para colher resultados melhores como para direcioná-la ao desfecho positivo conhecido.

Aprendi também a observar as "agendas ocultas" nas negociações. Como eu negociava grandes volumes com os maiores fornecedores do segmento no mercado, relacionava-me com as velhas "raposas" do setor, que tinham, muitas vezes, a estratégia de esconder o que realmente estavam buscando na negociação, com o intuito de obter o que desejavam sem expor a real intenção, a qual, normalmente, não era o ganha-ganha.

Tudo o que já foi estudado e listado como técnica eficiente de negociação tem de ser de nosso conhecimento e devemos utilizar esse conhecimento conforme o nosso interesse. A disponibilidade de informações, muitas delas gratuitas, inclusive, é farta e rica em aprendizado. Elas nos ajudam a observar e a encontrar nosso próprio estilo de negociação, embora haja momentos inexplicáveis em que, mesmo fugindo do que seria aconselhável pelos especialistas, seguir a nossa intuição é a melhor alternativa. Enxergar essa linha tênue é questão de perspicácia e experiência profissional.

Outro ponto importante é: acordo fechado, bom ou ruim, é acordo fechado. Não adianta sofrer depois de um acordo desvantajoso que foi sacramentado. Por isso, o preparo e o conhecimento das ferramentas de negociação são úteis e importantes. No entanto não sofrer não significa deixar de aprender com o erro. Precisamos superar os eventos de insucesso, mas devemos lembrar o que fizemos de errado ao negociar outros acordos.

Pode ser também que esse acordo desvantajoso, fechado no passado, reverbere em oportunidades ainda mais interessantes no futuro. Sim, pode acontecer – ou pode ser apenas uma questão de perspectiva.

Mesmo que você seja daquelas pessoas que nasceram com a habilidade natural de negociação, vale a pena conhecer as muitas técnicas já listadas por especialistas que refinam o saber e trazem eficiência às transações.

As pessoas são diferentes. Ninguém sabe de todas as coisas nem passou por todas as situações possíveis. Em algum momento da vida profissional, vamos nos deparar com situações não previstas ou que requerem soluções inovadoras. Nesses momentos, a sagacidade e a criatividade, construídas a partir de um bom repertório, aliadas à boa intuição e à experiência profissional, podem ajudar a fechar o negócio dos sonhos.

Também é importante lembrar que estamos vivenciando a era do profissionalismo. Truques e artimanhas muito usados no passado já não são vistos como atitudes aceitáveis, sobretudo pelas novas gerações, que pautam suas ações em limites éticos e morais que não eram cobrados no passado. Algumas técnicas, comentadas a seguir, podem contribuir com os resultados esperados:

- **Dominar o tema é fundamental:** precisamos conhecer profundamente o objeto da negociação e entender o perfil e as necessidades da outra parte para direcionar com eficiência e eficácia.
- **Foco nos interesses:** em vez de se concentrar em posições rígidas, busque compreender os interesses e as necessidades subjacentes de ambas as partes. Descubra quais são os objetivos, os desejos e as preocupações de cada um, e procure maneiras de sentir esses interesses de forma conjunta.

- **Conheça a outra parte:** quem é a empresa e/ou a pessoa que está buscando um acordo comercial? O que produz, para quem vende, de quem compra etc.? Guardadas as devidas proporções, vale "*stalkear*", pesquisar o site da empresa, o LinkedIn e outras redes sociais. Vale também procurar sinergia entre as empresas e os negociadores, e usar essas informações para gerar pertencimento e estreitar os laços, facilitando o diálogo e a negociação.
- **Crie opções de ganho mútuo:** conhecendo a outra parte, busque gerar opções criativas em que, certamente, ambas as partes alcancem benefícios. Explore diferentes alternativas e encontre soluções que atendam aos interesses de ambos, em vez de adotar uma abordagem de soma zero, em que um ganha e outro perde.
- **Desenvolva empatia e escuta ativa:** ouça atentamente as preocupações e perspectivas da outra parte. Demonstrar empatia ajuda a construir um ambiente de confiança e compreensão mútua, facilitando a busca de soluções que beneficiam ambas as partes.
- **Apresentar-se adequadamente:** um aperto de mão firme, com olho no olho, mostra segurança e vontade de fazer dar certo.
- Entender que negociação é um processo e que a dividir, em princípio (preparo), meio (processo de negociar) e fim (obtenção e avaliação do acordo), ajuda a organizar as etapas e a elaborar estratégias para cada uma delas.
- Trocar experiências, conversar com os *stakeholders*, informar-se sobre acordos já fechados pela outra parte, seu estilo de negociar, situações do mercado de atuação etc.
- **Construa relacionamentos de longo prazo:** em vez de enfrentar uma negociação como um evento isolado, pense em termos de construir relacionamentos duradouros. Priorizar a construção de confiança e parceria, reconhecendo que futuros vivenciados podem ocorrer. Isso incentiva um clima colaborativo e uma mentalidade de ganha-ganha.
- **Tenha em mente dois limites fundamentais:** o primeiro é que negociar é influenciar, e não mentir ou manipular. O segundo é

que negociação não é um jogo e, para que não haja vencidos, as duas partes podem, quase sempre, ganhar.
- **Inspire confiança:** essa é a base de uma negociação bem-sucedida e vai ajudá-lo a construir autoridade.
- **Explore critérios objetivos:** busque critérios objetivos e justos para basear a negociação. Isso pode incluir *benchmarks* de mercado, pesquisas comparativas ou padrões da indústria. Ao focar em critérios externos, você pode evitar o ocorrido apenas em opiniões pessoais.
- **Aprenda e aprimore técnicas de negociação:** ainda que nossa atividade não esteja diretamente ligada à negociação, nós a praticamos o tempo todo, seja pessoal, seja profissionalmente, e desenvolver essa habilidade é extremamente útil. A habilidade de negociar também pode ser usada ao apresentar um projeto, negociar salários e benefícios, pleitear melhores equipamentos e estrutura etc. Assim, vale a pena consumir esse tipo de conteúdo e preparar-se para os desafios que, certamente, surgirão. Algumas das técnicas mais conhecidas e utilizadas são: *Zone of Possible Agreement* (ZOPA) ("zona de possível acordo", em tradução livre), em que são determinados, previamente, os termos mínimo e máximo da negociação, como preço, prazo, condições etc.; e a *Best Alternative to a Negotiated Agreement* (BATNA), também conhecida como MAPAN (melhor alternativa para um acordo negociado), ou seja, o plano B, a carta na manga, uma alternativa ainda mais vantajosa que possa representar o fechamento do negócio. Mostrar-se preparado pode elevar a negociação a outro nível, além de conquistar respeito e credibilidade.
- **Invista nas habilidades de comunicação:** também é uma importante ferramenta para fechar bons acordos, assim como aprender a usar a retórica, a comunicação persuasiva e os estilos de abordagem, ou seja, quando é o momento adequado para usar a provocação, a intimidação, a sedução e a tentação para assertividade do discurso. Sobre esse tema, deixo como sugestão o livro "Persuasão", de Maytê Carvalho.

Trabalhar tais habilidades, comportamentos e atitudes, associados à mentalidade ganha-ganha, pode proporcionar o reforço da confiança e o respeito dos *stakeholders*, além de construir uma base para colaborações futuras e o compartilhamento de responsabilidades. Essas condutas reforçam nossa credibilidade, uma vez que demonstram nosso caráter, exibem nossa maturidade e nossa mentalidade de abundância, além da empatia, da confiabilidade e da capacidade de comunicação. Despertar essa admiração e esse respeito nas pessoas com quem nos relacionamos vai possibilitar que elas nos ajudem, sem que precisemos pedir, a construir nossa autoridade, apenas comentando sobre nossa capacidade de negociar ganha-ganha.

Confiança e admiração por uma conduta profissional não é algo corriqueiro, sobretudo atualmente. Justamente por ser algo difícil de encontrar, torna-se pauta tanto entre colegas e chefes, seja na sala de café, seja na de reunião, quanto na troca de experiências entre *stakeholders*, e tudo isso fortalece o nome e a imagem do profissional Mosca Branca, não apenas na empresa em que trabalha como no mercado.

ACREDITANDO QUE A ALTA PERFORMANCE É SUA ÚNICA OPÇÃO

Desenvolver a capacidade de formar ou pertencer a uma equipe de alta performance é uma maneira muito eficiente de se destacar em uma empresa de pequeno e médio porte. Os benefícios de aplicar a cultura da alta performance são:

- Aumentar a probabilidade de alcançarem resultados extraordinários, cumprindo metas, superando as expectativas e contribuindo para o sucesso da empresa; aumentar a eficiência e produtividade, já que os membros são mais alinhados, trabalham em harmonia e usam suas habilidades de maneira mais eficaz.
- Fortalecer a credibilidade profissional, pois ser reconhecido como um líder capaz de formar e liderar uma equipe de alta performance ajuda a construir uma credibilidade profissional sólida.
- Fomentar um ambiente positivo e colaborativo, já que equipes de alta performance tendem a cultivar um ambiente de trabalho positivo, colaborativo e de apoio mútuo.
- Aumentar a capacidade de lidar com desafios e mudanças, uma vez que, ao desenvolver sua equipe para enfrentar essas situações com confiança e adaptabilidade, você estará preparado para superar obstáculos e aproveitar oportunidades emergentes, o que é fundamental para o sucesso em um ambiente de negócios em constante evolução.

Já para a empresa, uma equipe de alta performance é um ativo valiosíssimo, pois impulsiona resultados, inovação, eficiência e satisfação dos funcionários. Esses benefícios contribuem para o crescimento sustentável e o sucesso contínuo da organização.

É compreensível que a maior parte dos colaboradores esperem que a empresa tome a iniciativa de criar o ambiente propício para o desenvolvimento da alta performance, bem como, as condições necessárias. Embora seja o ideal, é importante que os colaboradores reconheçam seu próprio poder e responsabilidade em buscar o desenvolvimento pessoal e contribuir para o sucesso da empresa. A combinação do apoio da empresa e do esforço individual dos colaboradores pode levar a resultados excepcionais e uma cultura de alto desempenho.

Ao tomar a iniciativa de buscar oportunidades de desenvolvimento, os colaboradores demonstram proatividade, ambição e um desejo de crescer profissionalmente. Isso não apenas acelera seu próprio desenvolvimento, mas também pode inspirar outros colegas e, até mesmo, influenciar a cultura organizacional, encorajando a empresa a fornecer mais suporte e oportunidades de aprendizado.

Essa mentalidade pode ser o diferencial transformador de uma carreira.

Seja como líder ou colaborador de uma equipe, algumas estratégias e técnicas podem ajudar tanto na condução quanto no entendimento da dinâmica para adaptação.

A definição de uma visão compartilhada é a primeira delas. Para isso, podemos utilizar a cultura da empresa como base para a formação da equipe, fornecendo uma visão clara e inspiradora para o time. Certificando-se de que todos compreendem os objetivos, valores e metas em comum. Isso ajuda a alinhar todos os membros da equipe em torno do mesmo propósito.

O recrutamento eficaz de novos membros é essencial. Ao formar a equipe, é preciso levar em consideração as habilidades, experiências e personalidades dos membros; procurar por pessoas que possuam as competências técnicas necessárias para cumprir os objetivos da equipe, competências comportamentais afins com a cultura da empresa e que tragam a diversidade para obter diferentes perspectivas e habilidades complementares. Para garantir um recrutamento mais profissional, há ferramentas, como o DISC, que auxiliam na compreensão dos diferentes padrões comportamentais, orientando a contratação de acordo com o perfil procurado e condizente com a liderança e a cultura da empresa, multiplicando as chances de acerto. O sistema DISC é um modelo comportamental amplamente utilizado para entender e descrever os diferentes estilos de comportamento das pessoas. Ele foi desenvolvido na década de 1920 por William Moulton Marston, um psicólogo e advogado americano. Sua teoria sobre o comportamento DISC foi publicada pela primeira vez em seu livro *Emotions of Normal People*[12], lançado em 1928. Nesse livro, Marston apresentou sua teoria dos quatro padrões comportamentais: Dominância (D), Influência (I), Estabilidade (S) e Conformidade (C). Essas quatro dimensões representam diferentes estilos de comportamento e características observadas nas pessoas. Com essa ferramenta é possível cruzar o perfil do candidato com as necessidades da vaga e da equipe, assim como com o perfil de seu gestor e demais membros.

Outra importante colaboradora na formação das equipes, na relação cotidiana e nos *feedbacks* é a aplicação da técnica da Comunicação Não Violenta (CNV). Com o intuito de ensinar mediações técnicas de comunicação, o psicólogo Marshall Rosenberg elaborou esse método com a proposta de que a comunicação seja mais consciente e baseada em percepções do momento, para que deixem de ser automáticas e repetitivas, por meio da escuta ativa profunda. Para isso, ele propõe que os participantes se concentrem em quatro componentes:

---

[12] Publicado no Brasil com o título *As emoções das pessoas normais* (ed. Success for You).

- **Observação:** identificar o que a mensagem, falada ou por gestos, tem a acrescentar positivamente, sem criar juízo de valor, apenas tentando compreender o que, de fato, está acontecendo.
- **Sentimento:** entender qual sentimento a situação desperta (medo, raiva, felicidade, mágoa etc.). Permitir-se ser vulnerável, entendendo a diferença entre o que você sente, o que pensa e o que interpreta.
- **Necessidades:** é preciso reconhecer quais necessidades estão ligadas aos sentimentos identificados.
- **Pedido:** de maneira positiva, por meio de uma solicitação específica, a recomendação é deixar claro o que se espera do outro.

Estabelecer metas claras e desafiadoras é outro importante guia. Essa prática coloca luz ao "o quê", "quando" e "como" na execução das atividades. E a técnica SMART, que é amplamente utilizada na gestão de projetos, também pode ser utilizada para estabelecer as metas da equipe. A palavra "SMART" é um acrônimo e representa cinco características importantes que as metas devem possuir:

- **Específico (*Specific*):** a meta deve ser claramente definida e específica, evitando generalidades. Ela deve responder às perguntas: O quê? Por quê? Quem? Onde? Quando? Definir a meta de forma precisa ajuda a direcionar os esforços da equipe de maneira mais eficaz.
- **Mensurável (*Measurable*):** a meta deve ser quantificável e mensurável. Ela deve ser expressa em termos de valores ou indicadores tangíveis, para que seja possível acompanhar o progresso e avaliar se a meta foi alcançada. Definir critérios de medição claros facilita o monitoramento e a avaliação dos resultados.
- **Alcançável (*Achievable*):** a meta deve ser desafiadora, mas também realista e tangível. Ela deve estar ao alcance e dentro das possibilidades da equipe. Estabelecer metas muito ambiciosas ou inatingíveis pode levar à desmotivação. É importante considerar

os recursos disponíveis e as habilidades da equipe ao definir metas alcançáveis.
- **Relevante (*Relevant*):** a meta deve estar clara com os objetivos e a visão geral da equipe ou organização. Ela deve ser significativa e contribuir para o progresso e sucesso do projeto ou do negócio como um todo. As metas devem fazer sentido e ter importância para os membros da equipe, para que eles se sintam motivados a trabalhar em direção a elas.
- **Temporal (*Time-bound*):** a meta deve ter um prazo definido, ou seja, um prazo limite para ser alcançado. Estabelecer um prazo cria um senso de urgência e ajuda a manter o foco e o ritmo de trabalho. Definir um prazo também permite avaliar o progresso e ajustar as estratégias, se necessário.

O gestor pode trabalhar no desenvolvimento das habilidades da equipe por meio de diversas estratégias e iniciativas:

Identificando as necessidades de treinamento por meio da realização de uma análise das competências e habilidades necessárias para o desempenho efetivo da equipe.

Identificando lacunas de habilidades e áreas que precisam ser aprimoradas, o que pode ser feito por meio de estimativas de desempenho, *feedback* dos líderes e das equipes, e análise das demandas do trabalho.

Planejando programas de treinamento com base nas necessidades identificadas, abordando as habilidades individuais e coletivas necessárias, desenvolvendo programas internos de treinamento, criando e participando de *workshops* e utilizando recursos on-line.

Oferecendo treinamentos informais, como sessões de mentoria, programas de *coaching*, grupos de estudo, troca de conhecimentos entre colegas e participação em conferências ou eventos.

Investindo em recursos de aprendizagem, como manuais, vídeos, *podcasts* e plataformas de *e-learning*, permitindo que os membros da equipe acessem informações relevantes e atualizadas de maneira conveniente e autônoma, além de estabelecer uma cultura de aprendizagem, criando um ambiente que valoriza o desenvolvimento contínuo, incentivando a troca de conhecimentos entre os membros da equipe, celebrando as conquistas e reconhecendo os esforços dedicados ao aprendizado.

Existem várias outras abordagens e técnicas que podem ser utilizadas para melhorar o desempenho das equipes – algumas com essa finalidade específica e outras que podem ser adaptadas. A escolha dessas técnicas dependerá de perfil, identificação, recursos, estilo de gestão, contexto e dos objetivos da equipe. É importante adaptar as abordagens às necessidades e características de cada equipe para obter os melhores resultados. Vou citar algumas delas e sugiro uma pesquisa mais aprofundada sobre aquelas cuja aplicação fizer sentido:

- **Matriz RACI:** técnica que ajuda a definir e esclarecer os papéis e responsabilidades dentro de uma equipe ou projeto. Ela identifica quem é o Responsável (R) por uma tarefa, quem precisa Aprovar (A), Consultar (C) ou Informar (I). Essa técnica promove a clareza e a responsabilização, evitando lacunas e sobreposições de responsabilidades.
- **Método Pomodoro:** técnica de gerenciamento de tempo que envolve a divisão do trabalho em blocos de tempo (geralmente 25 minutos) chamados de "pomodoros", seguidos por pausas curtas. O método ajuda a melhorar o foco e a produtividade, dividindo o trabalho em tarefas gerenciáveis e incentivando a concentração intensa.
- **Agile/Scrum:** o *framework* Agile e a metodologia *Scrum* são amplamente utilizados em projetos de desenvolvimento de software, mas também podem ser aplicados em outros contextos. Essas abordagens enfatizam a colaboração, a flexibilidade e a entrega incremental, com o objetivo de melhorar a eficiência e a adaptabilidade da equipe.
- **Kanban:** técnica visual de gerenciamento de fluxo de trabalho. Consiste em um quadro ou painel em que as tarefas são

representadas por cartões e movidas entre colunas que indicam o *status* (por exemplo, a fazer, em andamento, concluído). O Kanban ajuda a visualizar o fluxo de trabalho, identificar gargalos e promover a transparência e o trabalho em equipe.

- **Matriz de Eisenhower:** matriz de gerenciamento de tempo que classifica tarefas com base em sua importância e urgência. Isso permite que as equipes priorizem suas atividades e se concentrem nas tarefas mais relevantes.
- **Rodízio de Funções:** rotacionar membros da equipe em diferentes funções ou projetos. Essa prática permite que os membros adquiram novas habilidades e perspectivas, além de fortalecer a resiliência da equipe.

O desenvolvimento das habilidades da equipe é um processo contínuo e requer engajamento e suporte de liderança. Ao investir no aprimoramento das habilidades da equipe, a empresa pode melhorar o desempenho coletivo, a satisfação dos colaboradores e a competitividade no mercado.

São muitas as formas de oferecer colaboração para uma equipe ou empresa performar e construir credibilidade e autoridade a partir do próprio desenvolvimento e dos demais membros.

NA PRÁTICA

O apodrecimento de uma laranja é causado por fungos e bactérias que se encontram na superfície da fruta. Esses elementos são transmitidos para outra fruta do mesmo cesto através do ar, invadindo os tecidos da fruta saudável e decompondo suas substâncias. Com os seres humanos, não é muito diferente, pois o ambiente transforma as pessoas. Nossa vantagem é que isso também acontece positivamente.

Fazer parte de um ambiente em que a alta performance é a única opção permitirá que os membros da equipe procurem o fortalecimento necessário para performarem também, assim como o próprio líder vai precisar cada vez mais de evolução e todos seguirão no processo contínuo de aprendizagem e desenvolvimento.

O conceito do "ambiente alemão" diz que, se colocarmos qualquer trabalhador na Alemanha, ele será mais eficiente, pois ele se deparará com um ambiente organizado, ágil, sem burocracias, com mais tecnologia, fluxos de trabalho claramente definidos etc. Essa metáfora sugere que a mesma pessoa tem resultados diferentes em ambientes diferentes, pois nosso desempenho depende, também, do ambiente.

O grande desafio para um líder em um pequeno e médio negócio é criar esse tipo de ambiente para sua equipe. Muitas vezes, as restrições orçamentárias, a princípio, não permitem proporcionar os melhores ou mais modernos equipamentos, sistemas ou softwares, que garantam mais eficiência e agilidade. Nessas situações, usar a criatividade para encontrar soluções simples e baratas pode mudar o cenário.

A base para formar uma equipe de alta performance está na contratação assertiva de seus membros, na clareza das tarefas e das expectativas que se tem sobre cada membro, em treinamentos periódicos para reforçar os processos e divulgar as atualizações, bem como na reavaliação periódica dos fluxos e *feedbacks*.

É comum gestores e empresários se queixarem de suas equipes sem, no entanto, proporcionar-lhes qualquer guia, clareza ou treinamentos que as tornem os colaboradores que eles esperam. Valorizar adequadamente a formação da equipe é, indubitavelmente, uma das mais importantes atribuições de um líder e o único artifício eficiente para desenvolver equipes de alta performance.

No escritório que eu gerenciava houve um erro de faturamento que resultou em um aumento significativo nos impostos a pagar, devido a um descuido na leitura da nota fiscal. Nenhum dos colaboradores envolvidos percebeu o erro antes do cliente porque, simplesmente, não leu o documento corretamente. A partir desse incidente, durante o treinamento seguinte, enfatizamos a importância de os membros da equipe lerem os documentos aos quais têm acesso.

Para ilustrar essa importância e demonstrar os fluxos de trabalho, realizamos uma dinâmica envolvendo as duas equipes. Divididos em grupos, cada equipe recebeu uma lista de vinte tarefas a serem cumpridas. No entanto a tarefa de número dezessete instruía que todas as dezesseis tarefas anteriores deveriam ser ignoradas, caso tivessem lido o "documento" completo antes de iniciar. Os membros do grupo deveriam, simplesmente, retornar aos seus lugares, sentar e cruzar os braços após a leitura completa.

Apesar de terem sido orientados durante o treinamento a ler antes de executar as tarefas, todos os grupos iniciaram a atividade, realizando as tarefas sem a devida leitura. Somente após concluir dezesseis tarefas, eles perceberam que não precisavam fazer nenhuma delas. Essa dinâmica permitiu que eles internalizassem a importância e a responsabilidade de conhecerem o conteúdo dos documentos que produzem ou repassam para outras equipes.

Essa dinâmica se tornou um assunto discutido na empresa por anos, e erros semelhantes não voltaram a ocorrer. Foi uma forma criativa, simples, eficaz e econômica de transmitir a importância de seguir corretamente os fluxos de trabalho. Existem inúmeras maneiras de internalizar conhecimentos, e a escolha delas depende das características da empresa, de suas equipes e dos objetivos que se quer obter.

O britânico Marcus Buckingham, palestrante, consultor de negócios e autor do livro *Descubra seus pontos fortes*, sintetizou quatro abordagens para os líderes aplicarem em membros de equipes que não performam. Elas podem ser aplicadas pelos próprios colaboradores, para evitar a repetição de fracassos:

1. **Treinamento:** é o primeiro e mais eficaz recurso para internalizar conhecimento. Após o tempo necessário para incorporar as novas aptidões, é provável que se apresente sinais de melhora. Se a dificuldade persistir, é possível que seja um déficit ou uma falta de talento que os treinamentos não são capazes de resolver. Nesse caso, tentamos a segunda alternativa.
2. **Parcerias:** encontrar um parceiro de trabalho para esse membro que apresenta dificuldades em determinado tema, cujos talentos sejam fortes, exatamente, nas áreas em que ele não performa. Essa tática tende a neutralizar as manifestações negativas dos pontos fortes do membro em questão. Se for difícil encontrar o parceiro perfeito, partimos para a terceira estratégia.
3. **Técnicas:** introduzir técnicas no cotidiano do membro da equipe que o ajudem a realizar, por meio da disciplina, o que ele não é capaz de realizar por instinto. Com fluxos de trabalho bem definidos, sistema de comunicação interna eficiente e acompanhamento constante. Ou lançar mão da quarta e última estratégia.
4. **Reorganização:** reorganizar as tarefas do membro, de forma a tornar sua fraqueza irrelevante. Isso pode se dar mudando os processos ou trocando-o de função.

Toda empresa, para funcionar, precisa de pessoas e processos. Se todas as abordagens foram aplicadas com as pessoas, e o processo não for a causa do problema, é hora de reavaliar a equipe.

É importante reconhecer que, apesar de seguir todas as recomendações para formar uma equipe de alto desempenho ou desenvolver habilidades e competências, não existe uma garantia absoluta de sucesso. Cada colaborador, líder e empresa são únicos, e há diversos outros fatores a serem considerados, como o ambiente de trabalho, a política salarial e a situação atual da empresa. O essencial é trabalhar diligentemente para superar as dificuldades à medida que elas surgem, adaptando-se às circunstâncias e aproveitando as oportunidades disponíveis.

No entanto devemos reconhecer que há uma dificuldade que não pode ser superada: a vontade do outro. Não podemos forçar alguém a aceitar nossa ajuda ou a mudar, se essa pessoa não estiver disposta. Se alguém não vê o valor de investir em seu próprio desenvolvimento ou não compreende que as oportunidades de formação oferecidas pela empresa são um ativo valioso que ninguém pode tirar dele, é melhor direcionar os esforços para aqueles que estão abertos a receber auxílio.

Relacionar-se com pessoas é, sem dúvida, uma das tarefas mais difíceis de um líder, e um desafio para todos os colaboradores. Muitas vezes, tendemos a repetir o padrão que nos foi ensinado na nossa formação profissional. E, exatamente por isso, entre todas as técnicas apresentadas aqui, a que mais me ajuda até hoje é a da CNV. Em vez de dizer, por exemplo: "João, estamos insatisfeitos com sua performance. Seus atrasos constantes estão prejudicando a equipe, e isso não pode continuar", com a CNV, posso mudar para: "João, notei que você tem chegado atrasado frequentemente (observação), isso faz a equipe se sentir desrespeitada (sentimento), pois dependemos do seu trabalho para cumprir nossos prazos (necessidade). Você poderia ajustar seus horários (pedido) ou expor os seus motivos para encontrarmos uma solução juntos?

Essa técnica pode ser aplicada em qualquer situação, pessoal, seja profissional, e não apenas nas situações de conflito. Também funciona bem para negociar, obter o resultado esperado em reuniões e até para pedir aumento. Pois nos direciona a um processo de comunicação consciente, tirando-nos do piloto automático, e nos orienta a uma comunicação baseada nos fatos, sentimentos, necessidades e desejos.

Várias pessoas já estudaram diversos temas e desenvolveram técnicas testadas e comprovadas. Nosso trabalho como líder ou colaborador é identificar a necessidade e a melhor técnica correspondente, segundo as condições, cultura, equipe etc., e aplicarmos esse conteúdo a fim de nos desenvolvermos profissionalmente como indivíduos e como equipe. Todo resto é consequência.

Moscas Brancas, além de abundantes, são espertas o suficiente para perceberem que ninguém chega sozinho a lugar nenhum. Formar equipes que performam é não apenas uma estratégia para melhorar a própria performance, como também a execução bem-feita do papel de líder.

APRENDENDO A PENSAR DE MANEIRAS DIFERENTES

Flexibilidade cognitiva é a capacidade de desenvolver novas conexões e novas maneiras de pensar e se adaptar a novos cenários.

Imagine-se atrasado para um importante compromisso profissional, quando você se depara com um pneu furado. Seu cérebro rapidamente lhe proporá alternativas imediatas como táxi, Uber, ônibus, pedir carona etc.

Desenvolver a flexibilidade cognitiva é aumentar essa velocidade e encontrar soluções cada vez mais criativas e inovadoras. Estar preparado para as mudanças e propor soluções fora da zona de conforto são comportamentos que destacam os profissionais.

Ativamos nossa mente a partir de atos que controlam nossas ações, ou seja, ao mudar hábitos, planejar tarefas, traçar objetivos, priorizar demandas, monitorar nossos recursos e avaliar nosso comportamento. Embora pareça simples, nosso cérebro trabalha muito para essas realizações. Uma dessas funções que nosso cérebro pratica para nos ajudar a aumentar a flexibilidade é o controle inibitório, que é responsável por inibir pensamentos e atitudes automáticas e nos permite controlar nossas ações, como monitorar a vontade de checar frequentemente o celular ou nos distrair com as ações praticadas pelos colegas no ambiente de trabalho.

Desenvolver essa capacidade significa, entre outras coisas:

- Ampliar a capacidade de perceber que você está no caminho errado e corrigir a rota. Alguns perfis profissionais têm grande dificuldade de executar mudanças no meio de um projeto, mesmo percebendo a necessidade, desde ações mais simples, como remarcar um compromisso, até as mais complexas, como ter que recombinar algo com um cliente. É preciso prestar atenção nesse comportamento e, se necessário, adotar uma nova postura de acordo com os acontecimentos. Isso evita que pequenos problemas ganhem corpo.

- Ampliar a tolerância. Por mais difícil que seja em alguns momentos, aumentar a tolerância aos erros das pessoas e aos próprios, bem como a opiniões diferentes, evita a opressão a novos pensamentos e às maneiras de encarar um problema, ampliando a liberdade criativa. Pontos de vista diferentes sempre vão existir, e ainda bem que é assim, pois eles reforçam nosso conceito ou nos fazem enxergar por outro ângulo. Querer cercar-se apenas de pessoas que pensam como nós é muito limitante. Opiniões diferentes devem nos fazer refletir e até mudar pensamentos e comportamentos quando percebemos que esse é o melhor caminho. Para isso, é preciso praticar a escuta ativa, que é uma ferramenta que amplia a sua capacidade de aprofundar a conversa, proporcionando ao ouvinte uma oportunidade de se abrir e não ter receio de ser mal compreendido. Além disso, todos nós sabemos que nossas opiniões foram formadas a partir de nossas experiências, do meio em que vivemos, educação recebida etc. Sendo assim, devemos ser tolerantes, principalmente com aqueles que não tiveram as mesmas oportunidades de desenvolver um repertório capaz de um pensamento crítico e reflexivo para concluírem suas opiniões. Nesses casos, não adianta querer palestrar ou impor a sua opinião. Se houver interesse da outra parte em praticar a escuta ativa, cabe um debate civilizado. No ambiente de trabalho, com clientes e fornecedores, até mesmo quando se trata de um assunto em que a empresa se posiciona claramente, a tolerância no debate deve ser colocada à frente de qualquer posicionamento.
- Ampliar a capacidade de se adaptar rapidamente. Adaptar-se rapidamente às adversidades ou a novas situações tem que ser uma segunda natureza de todo bom profissional. Por mais que as ações

sejam planejadas, não é possível prever absolutamente todas as situações diante de um projeto. Frequentemente, problemas acontecem no meio do percurso ou as circunstâncias simplesmente mudam. Ter a velocidade necessária para se adaptar e encontrar soluções são atitudes que formam um profissional bem-preparado. É constrangedor nos depararmos com pessoas que se agarram ao passado e apresentam grande dificuldade de adaptação a novas situações. Elas repetem o discurso "sempre foi assim e dá certo até hoje". Nem essa frase, elas conseguem mudar. As coisas dão certo até deixarem de dar. Essa rigidez cognitiva é uma característica de pessoas presas a modelos e padrões mentais que criam bloqueios que as impedem de enxergar novas perspectivas. Se Steve Jobs ou Bill Gates sofressem desse mal, neste momento, eu poderia estar diante de uma máquina de escrever.

A flexibilidade cognitiva é uma capacidade que pode ser desenvolvida por meio de ações voluntárias, a partir do autoconhecimento e da quebra consciente da rigidez cognitiva.

Em primeiro lugar, é necessária uma autocrítica no sentido de passar a observar ações cognitivamente rígidas que você tem praticado, ainda que involuntariamente.

É bem verdade que a cultura da empresa influencia no nível de flexibilidade das pessoas que lá trabalham. No entanto identificando e corrigindo os próprios comportamentos, é possível iniciar a mudança do meio. A capacidade de adaptação do ser humano é algo impressionante, seja no sentido positivo ou negativo. Quando trabalhamos em meio à bagunça, sem o mínimo de planejamento, de organização e de processos, passamos o dia tentando organizar o caos e o time passa a imitar o modelo de comportamento de modo que o caos pareça normal. O mesmo acontece no sentido inverso. Quando adotamos comportamentos favoráveis à organização, também temos a capacidade de influenciar o meio, de modo que o time também os adote. Embora as posições de liderança exerçam maior poder de influência, ela pode vir de qualquer direção. Quando tomamos atitudes flexíveis em relação à tolerância, fomentamos a diversidade, incentivamos a liberdade de expressão, renovamos a cultura e, dessa forma, disseminamos um novo modelo de comportamento.

Tomar ciência das características da flexibilização cognitiva é o segundo passo: internalizar o conhecimento sobre a importância da tolerância quanto a erros ou diversidade de opiniões; encarar as mudanças como oportunidades de crescimento, e não como perda; desenvolver a criatividade para encontrar soluções ou alternativas mais rapidamente; desenvolver a capacidade de perceber o percurso e corrigir a rota quando necessário; enfim, eliminar a rigidez e o pensamento automático, adotando a flexibilidade como uma escolha diária. Afinal, todos os dias escolhemos ser quem somos.

E, por fim, devemos aplicar todos esses conhecimentos no cotidiano. É mais comum do que se imagina pessoas ingressarem em uma jornada de conhecimento, empolgarem-se com determinados assuntos, consumindo cursos, livros, palestras e *workshops*. Depois, descobrem outro assunto igualmente interessante, mergulham nesse universo, consumindo mais, aprofundando-se no tema e, como em um *looping*, nunca saem da fase da aprendizagem e não aplicam nada do que aprendem. Nesses casos, o resultado é o mesmo de quem não adquiriu conhecimento algum. Colocar em prática seus conhecimentos será a única forma de mudar o cenário.

NA PRÁTICA

A flexibilidade cognitiva proporciona a capacidade de pensar de maneiras diferentes para buscar soluções inovadoras. Por termos sido condicionados, desde crianças, a padrões de pensamento que buscam soluções óbvias, essa é uma habilidade que precisa ser desenvolvida. Diante de todas as mudanças que estamos enfrentando, não consigo imaginar habilidade mais importante para um profissional se destacar, pois a capacidade de encontrar soluções fora do comum, ao menos por enquanto, não pode ser substituída por máquinas.

O autoconhecimento e a descoberta dos padrões que bloqueiam a adaptação fácil a novos desafios devem ser trabalhados como o primeiro ponto para aumentar a flexibilidade. Depois disso, devemos promover algumas mudanças de comportamento, como aumentar o nível de tolerância e participar de grupos em que haja diversidade, a fim de conhecer novos padrões e vivências, como ferramenta para aumentar o repertório. Também devemos fazer mais conexões e participar de projetos com equipes multidisciplinares, a fim de ter contato com novas ideias e perspectivas dentro ou fora da empresa. Essas são algumas atitudes que podemos tomar para aumentar a flexibilidade.

A necessidade dessa habilidade também está associada à capacidade de ser multitarefa, pois a velocidade para passar de uma atividade para a outra depende da flexibilidade cognitiva. Ser um colaborador multitarefa, em alguns departamentos de uma pequena ou média empresa, é mais que um diferencial, é uma exigência. A resistência em usar novas tecnologias, experimentar novas metodologias, treinar novos colaboradores, ajudar outros departamentos, aprender coisas novas ou sair do seu *job description* demonstra rigidez cognitiva e precisa ser trabalhada para o desenvolvimento profissional. A capacidade de encontrar soluções simples e, de preferência baratas, para solucionar problemas complexos, não é uma questão apenas de criatividade, mas também, principalmente, de flexibilidade cognitiva.

A prova de que essa neuroplasticidade pode ser estimulada é evidenciada por meio da observação do comportamento de uma criança. Quando mostramos a ela formas ou cores diferentes de uma mesma coisa, como maçã verde e maçã vermelha, ela, automaticamente, passa a compreender que as coisas, em geral, podem ter mais de um formato ou cor. Assim como nós, adultos, quando estimulamos nosso cérebro a pensar fora do óbvio, a capacidade de repetir esse modelo de pensamento vai se tornando natural.

Essa é apenas mais uma das muitas ferramentas que nos ajudam a entender que o controle de todas as nossas ações, seja no âmbito pessoal ou profissional, está e sempre estará em nossas mãos. Escolhemos ser quem somos, fazer as coisas como fazemos, como lidamos com as pessoas e, até mesmo, o nosso humor. As pessoas mais impulsivas ou de natureza irritadiça, inclusive, também têm essa capacidade.

Existem várias técnicas que você pode aplicar para desenvolver sua flexibilidade cognitiva. Aqui estão algumas das mais recomendadas por especialistas que podem ajudar:

- **Exercite seu cérebro:** mantenha seu cérebro ativo com jogos de quebra-cabeças, palavras cruzadas, sudoku, xadrez ou qualquer outra atividade que exija raciocínio e resolução de problemas. Isso pode estimular sua capacidade de pensar de maneiras diferentes.
- **Aprenda algo novo:** desenvolva habilidades em áreas fora de sua zona de conforto. Aprender uma nova língua, aprender a tocar um instrumento musical ou explorar uma nova disciplina acadêmica pode desafiar sua mente a se adaptar a diferentes formas de pensar.

- **Pratique a resolução de problemas:** enfrente problemas complexos e tente encontrar soluções criativas. Você pode fazer isso em diferentes áreas da vida, seja no trabalho, em projetos pessoais ou mesmo em quebra-cabeças lógicos.
- **Exponha-se a diferentes perspectivas:** leia livros, assista a filmes ou documentários e tenha conversas com pessoas que possuam pontos de vista diferentes dos seus. Isso ajuda a expandir sua mente e a considerar várias perspectivas em um determinado assunto.
- **Faça conexões inusitadas:** tente conectar ideias ou conceitos aparentemente não relacionados. Isso estimula sua capacidade de pensar de forma divergente e encontrar soluções criativas.
- **Exercite a criatividade:** engaje-se em atividades criativas, como desenho, pintura, escrita ou música. Essas atividades estimulam a imaginação e a flexibilidade mental.

O desenvolvimento da flexibilidade cognitiva requer prática e perseverança. Ao incorporar essas técnicas em sua rotina diária, você pode fortalecer essa habilidade ao longo do tempo.

Particularmente, foi muito difícil entender e aceitar que esse desenvolvimento era realmente possível. Como minha dinâmica pessoal funciona bem a partir do desafio, eu me propus a tentar direcionar meus pensamentos e minhas ações nas situações que considerava importantes e me mantive atenta aos resultados. À medida que eu percebia que agir de forma controlada, e não no habitual automático, me conferia os resultados esperados, fui me convencendo da eficácia do método. Mesmo com essa consciência, esse exercício ainda é muito difícil de ser praticado o tempo todo, mas ações como não tomar nenhuma decisão definitiva baseada em emoções temporárias, não enviar aquele e-mail na hora da raiva e, sim, escolher a narrativa e o tom antes de um diálogo ou de negociações difíceis fazem parte da minha conduta e, cada vez mais, tento inserir mais escolhas inteligentes.

Esse exercício diário de controlar minhas próprias ações não me transforma em um robô que pratica ações friamente calculadas ou desonestas comigo mesma, como eu pensava a princípio; ao contrário, transforma-me na pessoa que eu quero ser a maior parte do tempo, me ajuda a alcançar meus objetivos e me traz a paz por não ter que lidar com as consequências de atitudes impensadas que prejudicam meus planos.

É inteligente vigiar nossas ações e nossos pensamentos automáticos antes de aplicar soluções, bem como tentar, no mesmo momento, encontrar alternativas menos óbvias, mais apaziguadoras ou conciliadoras, mais criativas e de preferência inovadoras, como maneira de nos condicionar a pensar automaticamente assim.

SENDO NARRADOR, PERSONAGEM E PROTAGONISTA DO SEU APRENDIZADO

Um profissional interdisciplinar é aquele que transita tranquilamente por duas ou mais áreas do conhecimento. Essa habilidade é supervalorizada nas pequenas e médias empresas, por serem estruturas, normalmente, mais enxutas e carentes de profissionais capazes de atuarem em mais frentes.

É comum, sobretudo na área administrativa, profissionais que assumem mais de uma posição nesse tipo de organização, porém isso não significa que são interdisciplinares – não são raros os casos de meros "quebra-galhos".

Descobrir a existência e a importância da interdisciplinaridade foi um divisor de águas na minha vida. Na infância, diferentemente das minhas duas irmãs, eu não ostentava uma habilidade natural que me destacasse dos demais, ao passo que não pairavam dúvidas sobre os talentos que elas possuíam. Essa busca por um superpoder me perseguiu por anos. Minha experiência profissional ajudou muito a me tornar interdisciplinar, pois tive a oportunidade de trabalhar em uma estrutura descentralizada, em que os gerentes tinham autonomia para gerir compras, finanças, estoque, vendas, contratações, formação de equipe, recursos humanos, definição de *layout* etc. Logo, tive a oportunidade de transitar por diferentes áreas da gestão e descobri, depois de muito tempo, que o meu talento é a capacidade de absorver o aprendizado de diferentes áreas do conhecimento e desempenhar meu trabalho de gestão integrando essas multidisciplinaridades. Esse *insight* me ajudou a entender que eu poderia obter mais sucesso profissional em uma empresa de pequeno ou médio porte do que em uma grande estrutura, que, normalmente, se cerca de especialistas.

Ser interdisciplinar não significa, necessariamente, acumular cargos ou obrigações, mas desempenhar bem seu papel na sua área, valendo-se de conhecimento de outras, ou ocupar posições generalistas, como um gerente ou diretor geral.

Para uma pequena ou média empresa, ter um gerente de produção capaz de lidar com aspectos variados do seu trabalho, com base em experiências e competências de outras áreas, é uma importante aquisição, pois, gerir o departamento de produção, ciente dos aspectos de recursos humanos, suas leis, das demandas e dos prazos, e ter experiência em manutenção de equipamentos e gestão de estoque coloca esse gestor em um patamar profissional de valor muito superior, em comparação a um especialista que não tem tais competências extras.

Nada disso invalida a necessidade de se especializar. Gerentes e diretores, embora desempenhem funções generalistas, normalmente, têm uma base de formação com especialidade em alguma disciplina, ou seja, um diretor de uma empresa pode ser um engenheiro ou um contador, mas pode ter desenvolvido, ao longo de sua jornada, experiências em outras áreas do conhecimento que, juntas, o tornam um profissional multidisciplinar, capaz de gerir uma empresa, incluindo liderar especialistas de disciplinas que ele não domina.

Ser um colaborador multidisciplinar é mais do que uma grande vantagem para a empresa, mas uma vantagem para si mesmo, pois, fatalmente, esse profissional terá mais repertório para resolver problemas, tomar decisões, galgar melhores oportunidades no mercado de trabalho, com melhor remuneração, mais agilidade e visão mais amplas dos processos de trabalho como um todo.

Outro conceito que aborda a mesma questão é o profissional *T-Shaped* – a linha vertical da letra T representa a especialidade, enquanto a linha horizontal, o conhecimento interdisciplinar.

O mercado, em geral, tem valorizado esse tipo de profissional e, nas pequenas e médias empresas, eles são a prata da casa. Esse tipo de habilidade é fundamental para qualquer profissional, já que as competências extras enriquecem a nossa prestação de serviço e nos tornam profissionais diferenciados e valorizados.

Planejar a formação profissional no começo da carreira é o melhor dos mundos, mas, normalmente, no início, esse preparo não acontece de forma voluntária– muitas vezes, porque os mais jovens, por não conhecerem as possibilidades, não estão aptos a traçar esse planejamento. Tudo bem, faz parte do processo. No entanto se tiver adquirido, já no começo da carreira, alguma experiência profissional ou vivência em diferentes organizações e estruturas, a atitude mais inteligente e produtiva é perceber o rumo que a carreira está tomando e direcionar estrategicamente o aprendizado.

Algumas decisões também podem contribuir muito para a evolução profissional, como fazer cursos de formação em áreas de interesse (não necessariamente, cursos universitários); buscar, na própria empresa, atribuições de áreas correlatas que possam agregar conhecimento; ou, ainda, investir no desenvolvimento de competências socioemocionais, como o autoconhecimento, a criatividade, a liderança ou o trabalho em equipe.

Em razão da alta velocidade das mudanças, o ambiente dos negócios tem se tornado gradativamente mais complexo, o que ressoa no tipo de profissional necessário às empresas. Pluralizar as habilidades complementares pode influenciar sobremaneira o crescimento profissional. Ressalta-se que não é meia dúzia de cursos extras que o tornarão multidisciplinar, pois isso demanda tempo e esforço. Além disso, frequentemente, novas habilidades se tornam necessárias, o que exige que o mecanismo de aprendizagem seja constante. Um profissional que se destaca nunca para de estudar e de evoluir.

Desenvolver intimidade com a tecnologia, por exemplo, significa olhar para essas soluções como algo transformador para os negócios em curto prazo, pois a maneira como desempenhamos nossas atividades está mudando em escala progressiva. Não dá para ignorar a necessidade de aprendizado desse tipo de habilidade.

Quanto à necessidade de ter estratégia no direcionamento da interdisciplinaridade, é preciso ponderar a variedade de temas dentro da nossa especialidade que precisamos dominar antes de partirmos para outras disciplinas. A escolha das demais habilidades e competências tem de ser feita com critério, pois explorar as que não têm relação com seu trabalho pode ser uma escolha pessoal, mas não se trata de planejamento profissional e, não se tratando de transição de carreira, não faz sentido.

Outro erro comum é a escolha de cursos de longa duração, ou de currículo genérico, que não vão contribuir para o desenvolvimento profissional em curto ou médio prazo. Procuro orientar nossas equipes no desenvolvimento de qualificações que o ideal é que os aprendizados em andamento possam ser aplicados em seu trabalho imediatamente, pois a oportunidade de vivenciar na prática amanhã o que foi absorvido teoricamente hoje é a melhor forma de aprendizagem.

Atualmente, existem várias formas de aprendizagem em que o aluno constrói sua própria trajetória. Até pouco tempo atrás, obedecíamos a um padrão, em que um mesmo conteúdo era fornecido para um grupo de forma linear e passiva, ou seja, estudávamos o que nos era imposto, de modo que a relação de aprendizagem era apenas do professor para o aluno. Com tantas ofertas de cursos on-line e até gratuitos, podemos adaptar o conteúdo da aprendizagem às próprias necessidades e às do mercado.

Trata-se da heutagogia, que, na contramão da pedagogia, é uma abordagem educacional em que o aluno assume o papel de gestor de seu aprendizado, definindo, por meio do autodidatismo, da auto-organização e da autodisciplina, o que saber e como aprender. Essa autonomia nos proporciona o desenvolvimento das *essential skills*, ou habilidades essenciais, que é a junção das *hard skills* com as *soft skills*. É quando, no mesmo momento, ocorre o aprendizado de competências tanto técnicas quanto comportamentais, conforme o planejamento educacional.

Essas informações nos permitem entender o quanto está em nossas mãos o destino de nosso aprendizado e de nossas carreiras, e o quanto já não cabe nos colocar no lugar de vítimas do sistema ou de condição financeira.

Um planejamento inteligente de aprendizado e de desenvolvimento de carreira pode ser construído a partir da observação das competências técnicas e comportamentais daqueles que estão nas posições que queremos ocupar e desempenham bem sua função, ou a partir de interesses próprios por disciplinas distintas que, combinadas, podem potencializar as competências e desenvolver habilidades menos comuns, porém essenciais.

Moscas Brancas são curiosas, gostam de aprender e entendem esse esforço como ponte para atingir seus objetivos, e, como não existe plano B, apenas o desenvolvimento interessa, não há outra escolha; é a única maneira de colher resultados. Por isso, elas entendem a importância da estratégia para planejar o aprendizado e a carreira e a primordialidade de praticar o conhecimento adquirido para internalizá-lo.

NA PRÁTICA

Um dos maiores privilégios de quem atua profissionalmente e deseja ascensão é o poder que temos, atualmente, de gerenciar nossa própria formação. Em um passado recente, nosso papel como estudantes era de coadjuvante e não havia outra opção que não fosse aceitarmos o que nos era imposto e hoje, podemos protagonizar nosso processo de aprendizagem. Com a ajuda da tecnologia, temos acesso a todo tipo de informação que pode ser consumida de diferentes formas e momentos. Podemos atuar como narradores, personagens e protagonistas da nossa própria formação.

Desisti de alguns cursos que iniciei quando percebi que havia capturado o essencial do que buscava, incluindo um MBA em gestão estratégica, mesmo faltando apenas dois ou três módulos para a conclusão. Minha insatisfação surgiu, em parte, devido à superficialidade de muitos dos conteúdos que, a meu ver, eram mais adequados para uma graduação. No módulo de tecnologia, cujo título insinuava uma imersão nas modernas ferramentas tecnológicas de gestão, o professor revelou, logo na primeira aula, que era sócio de uma empresa de tecnologia. Ele nos entusiasmou com a ideia de que uma empresa inovadora nesse segmento poderia se transformar em um unicórnio em apenas seis meses. Em seguida, propôs que desenvolvêssemos um aplicativo disruptivo e inovador como conteúdo do módulo. Naturalmente, questionei se ele realmente esperava que eu compartilhasse uma ideia com potencial de me tornar bilionária. O coordenador do curso reconheceu a incompatibilidade da abordagem do professor com a proposta pedagógica do MBA, mas indicou que já era tarde para alterações.

Isso também é gerir o próprio aprendizado. Como meu interesse nunca foi o certificado, sempre me senti à vontade para definir as estratégias da minha formação. A informação que precisava saber sobre tecnologia e gestão, fui buscar em um curso livre, on-line, que me custou o equivalente a umas três ou quatro pizzas.

Antes de pensar em uma continuidade da formação, precisamos traçar uma linha que nos leva do ponto em que estamos até nosso próximo objetivo. Essa linha pode ser traçada com ajuda de pesquisa a respeito da área ou cargo de interesse e uma conversa com o gestor, por exemplo, que pode elucidar as competências que precisamos desenvolver.

Investir nos pontos fortes, em detrimento dos pontos fracos, é importante para sair da média. Quando intensificamos os pontos fortes, criamos oportunidade de atingirmos a excelência.

Pontos fortes não significam, necessariamente, algo em que você é bom. Na verdade, pode ser algo em que você ainda não é bom. Pode ser apenas uma predileção, algo que se anseia fazer repetidas vezes e, com o tempo, fará cada vez melhor.

Se você tem dúvidas sobre quais são seus pontos fortes, tente a seguinte técnica: pergunte para si mesmo quais foram os melhores dias no trabalho nos últimos meses e analise o que estava fazendo e por que gostou tanto desse dia. Faça o mesmo para identificar os pontos fracos, que, assim como os fortes, não devem ser, necessariamente, algo que não saiba fazer bem. Pode ser algo em que você é muito competente, mas que te suga a energia, e você não tem vontade de dar continuidade.

Aprender a aprender é outro ponto de atenção em que técnicas simples podem colaborar. Muitas pessoas não entendem o benefício da leitura, já que esquecem o conteúdo pouco tempo depois. Uma técnica muito eficiente, nesse caso, é que se estude, de fato, a leitura, em vez de apenas o ler. Ou seja, grifando as partes mais importantes, fazendo anotações, relendo até que se internalize o conhecimento e, sobretudo, aplicando o aprendizado.

Como estratégia para se desenvolver multidisciplinarmente, é possível adotar outras técnicas como:

- **Buscar conhecimento em diferentes áreas:** expandir os horizontes adquirindo conhecimento em diversas disciplinas. Fazendo cursos, participando de *workshops*, lendo livros e artigos sobre assuntos variados. Isso permitirá o desenvolvimento de uma base sólida em diferentes áreas e ampliação de perspectiva.
- **Desenvolver habilidades transferíveis:** identificar habilidades que possam ser aplicadas em diferentes contextos. Isso inclui habilidades como comunicação eficaz, pensamento crítico, resolução de problemas, trabalho em equipe e liderança. Essas habilidades são valorizadas em diversas áreas e podem ajudar a se adaptar e contribuir em diferentes projetos.
- **Fomentar a curiosidade e a vontade de aprender:** estar aberto para novas experiências e ser curioso. Esteja disposto a explorar áreas desconhecidas e aprender com elas. Cultivar o hábito de fazer perguntas e buscar respostas. A curiosidade é fundamental para expandir seu conhecimento e se tornar multidisciplinar.
- **Desenvolver habilidades de comunicação:** aprender a se comunicar de forma clara e eficiente com pessoas de diferentes áreas. Isso envolve ser capaz de transmitir suas ideias de maneira compreensível e adaptar a linguagem e abordagem de acordo com o público e o contexto. A comunicação eficaz é crucial para colaborar com profissionais de diferentes disciplinas.
- **Promover a colaboração e o *networking*:** procurar oportunidades para colaborar com pessoas de diferentes áreas. Participar de grupos e projetos multidisciplinares. Isso ajudará a obter *insights* de diferentes perspectivas e a desenvolver uma compreensão mais abrangente dos problemas e desafios.
- **Estar aberto a desafios e novas experiências:** não ter medo de sair da zona de conforto e experimentar coisas novas. Aceitar desafios que exijam habilidades e conhecimentos além da área de especialização. Isso permitirá desenvolver novas competências e se tornar mais adaptável.
- **Manter-se atualizado:** estar atento às tendências e avanços em diferentes áreas. Ler artigos, acompanhar blogs, participar de

conferências e estar em contato com profissionais de diferentes disciplinas. Manter-se atualizado ajudará a compreender as conexões entre as diferentes áreas e identificar oportunidades de integração.

Tornar-se um profissional multidisciplinar é um processo contínuo. É importante estar disposto a aprender, a se adaptar e a se atualizar constantemente para acompanhar as mudanças no mercado de trabalho e nos diversos campos de atuação.

Outro aspecto para reflexão é que, atualmente, um profissional não precisa, necessariamente, colecionar pós-graduações para ganhar autoridade. Temos vivido uma mudança significativa na forma como o mercado de trabalho recebe os colaboradores que obtiveram formação de maneira informal, sem necessariamente realizarem cursos universitários. Essa mudança é impulsionada por vários fatores, incluindo avanços tecnológicos, mudanças nas demandas do mercado e uma maior valorização das habilidades práticas e da experiência. Essa mudança de mentalidade é impulsionada pela percepção de que a formação informal pode proporcionar uma aprendizagem prática, especialização em áreas específicas e uma abordagem mais ágil e flexível em relação às demandas do mercado. Além da disponibilidade de recursos educacionais on-line, os cursos livres, tutoriais, vídeos e plataformas de aprendizado digital possibilitaram que as pessoas buscassem conhecimento e desenvolvessem habilidades por conta própria.

No entanto é importante ressaltar que, embora a formação informal esteja ganhando reconhecimento, ainda existem setores e profissões em que a formação universitária tradicional é mais valorizada e pode ser um requisito específico. Em alguns casos, uma formação informal pode ser complementar à formação acadêmica, agregando conhecimento e habilidades específicas que não foram adquiridas nos cursos universitários.

Resumidamente, não mais desculpas para aqueles que buscam progressão profissional, não investirem na própria formação. Cabe a cada profissional identificar suas necessidades de desenvolvimento, definir metas claras e aproveitar as oportunidades disponíveis para se manter relevantes e progredir em suas carreiras.

A definição sobre o que é um bom curso pode variar dependendo dos indivíduos e suas necessidades específicas. É importante avaliar esses critérios de acordo com suas próprias circunstâncias e prioridades para encontrar o curso mais adequado às suas metas e expectativas. Porém, de maneira geral, o bom curso para quem busca desenvolvimento profissional, é aquele que oferece conhecimentos que possam ser aplicados rapidamente no ambiente de trabalho, ou seja, trazer aprendizados práticos e contínuos de forma imediata, que, preferencialmente, seja curto e aquecido, mas ainda assim com conteúdo de qualidade, para que seja conciso e eficiente na transmissão do conhecimento, que seja acessível financeiramente, que tenha um custo que caiba no bolso do profissional interessado, e que se encaixe na rotina do profissional com localização horários viáveis, se for presencial, para que seja conveniente e possível conciliar com suas responsabilidades e disponibilidade.

É possível encontrar na internet uma ampla variedade de conteúdos de alta qualidade e gratuitos, fornecidos por instituições de renome como a FGV e a Universidade de Harvard (em português). Esses cursos on-line oferecem uma maneira rápida e concisa de entrar em contato com diversos assuntos e podem servir como uma introdução inicial ao tema de interesse. Esses cursos intensivos permitem avaliar se o conteúdo atende às expectativas e se o assunto desperta o seu interesse.

Todas essas oportunidades de ampliar os conhecimentos, podem ser aplicadas com estratégia, escolhendo cursos que vão além da área de interesse do profissional, mas também de acordo com as necessidades e anseios da empresa. Ou seja, se a empresa tem a intenção de buscar um selo de qualidade ISO, por exemplo, adquirir conhecimentos de BSC (*Balanced Scorecard* – um importante instrumento para identificação, implementação e controle de indicadores de qualidade) pode colocar o profissional em posição de destaque por apresentar conhecimento sobre o tema. Ou, se a empresa demonstra interesse em implantar uma agenda ESG (*Environmental, Social and Governance* ou Ambiental, Social e Governança), buscar formação nesse tema pode ser muito importante para ambos, já que essa área do conhecimento ainda é pouco explorada pelos profissionais e já é muito valorizada pela empresa.

Pensar estrategicamente, classificando a importância da formação contínua por interesse e reavaliando os próximos passos de acordo com o momento da empresa e do mercado, além de promover o autodesenvolvimento, pode encurtar o caminho para atingir os objetivos.

Vou terminar esse tópico com um texto provocativo e reflexivo, que transcrevi de um vídeo do professor Leandro Karnal:

"Você pode escolher transformar seu celular, seu *tablet*, seu computador em uma sala de aula completa sobre temas relevantes. Isso é uma escolha e faz parte de não ser medíocre. Ou seja, você pode transformar uma ferramenta que tem tudo para destruir sua vida, tem tudo para acabar com sua vida familiar, tem tudo para acabar com sua disposição para o mundo, ou pode fazer da internet um ponto de transformação. Quem opta por ler um bom texto, assistir a um vídeo ou fazer um curso está dizendo: eu sou o senhor da minha vida, e vou transformar essa ferramenta em algo positivo, e vou aproveitar o meu tempo."

ENTENDENDO QUE NÃO BASTA SER, É PRECISO PARECER SER

O ano é 67 a.C., César se casa com Pompeia. Em 63 a.C., César foi eleito para a posição de pontífice máximo, o sumo-sacerdote da religião estatal romana. Em 62 a.C., Pompeia realizou em sua casa um festival em homenagem a Bona Dea ("boa deusa"), do qual homem nenhum poderia participar. Entretanto um jovem patrício chamado Públio Clódio Pulcro conseguiu entrar disfarçado de mulher, aparentemente com o objetivo de seduzi-la. Ele foi pego e processado por sacrilégio. César não apresentou nenhuma evidência contra Clódio no julgamento, e este acabou inocentado. Mesmo assim, César se divorciou de Pompeia, afirmando: "Minha esposa não deve estar nem sob suspeita."

Essa frase deu origem a um provérbio, cujo texto é: "A mulher de César não basta ser honesta, deve parecer honesta", evoluindo para "Não basta ser, é preciso parecer ser".

Ignorando o cunho machista que deu origem a essa frase, não pela falta de importância, mas pela falta de contexto, esta introdução é só para mostrar que não é de hoje que se sabe que parecer ser é tão importante quanto ser. E assim, Pompeia nos deixou essa responsabilidade de, além de sermos boas pessoas e bons profissionais, precisamos parecer ser.

Estamos vivendo uma época em que a distância entre o "SER" e o "PARECER SER" tem se ampliado com o advento das redes sociais, tornando muitas pessoas escravas do "parecer ser". O posicionamento das pessoas nas redes sociais tem criado uma divisão entre a vida delas no mundo real e virtual, causando uma confusão interpretativa da personalidade dos indivíduos. No entanto, no nosso contexto, a proposta é enaltecer ou parecer ser quem realmente somos, ou parecer ser o profissional que estamos buscando ser. A importância desse tema no universo do trabalho pode ser abordada observando alguns tipos comuns encontrados nas empresas, como:

- Profissionais que são muito bons, mas quase ninguém sabe disso.
- Profissionais que não têm tanto a agregar, mas que são vistos como autoridades.
- Profissionais que são muito bons, e todo mundo sabe disso.

Quem nunca conheceu ou conviveu, pelo menos uma vez, com os dois primeiros tipos?

É muito comum bons profissionais não conseguirem fazer as pessoas perceberem seu valor, não serem lembrados por suas boas ideias e passarem a maior parte do tempo despercebidos. Geralmente, são pessoas de perfil mais inibido, pouco expansivo e retraído, e que não dão muito valor à comunicação; investem apenas na inteligência racional e acreditam que fazer um bom trabalho é o suficiente para ser valorizado. Quando o reconhecimento não acontece como esperado, atribuem o insucesso aos outros, em detrimento de sua própria falta de interesse em adquirir a habilidade de se desenvolver emocionalmente.

O segundo tipo é aquele que não tem tanto domínio do seu trabalho ou habilidades para desempenhá-lo, porém é extremamente comunicativo, quase sempre carismático e dono de muita inteligência emocional. Sabe cativar as pessoas, é rápido no raciocínio e faz amizade com as pessoas "certas". Reconhece sua audiência, alinha seu discurso para cada uma delas e pode ter conhecimento raso, que lê apenas as manchetes das notícias e as repete como se fosse um profundo conhecedor do assunto. Dependendo da sua área de atuação, principalmente se seu trabalho tiver relação com comunicação, parte desse comportamento pode ser muito útil, embora seja bastante arriscado apostar nesse estilo, pois assim que esse tipo se depara com alguém que domina sua profissão e tem tão boas habilidades de comunicação e marketing pessoal quanto ele, a comparação será inevitável.

O terceiro tipo é a Mosca Branca, que consegue juntar as duas características, ter domínio técnico sobre seu trabalho e saber se comunicar e se "vender" na medida certa, de forma que as pessoas ao redor percebam seu valor e se encarreguem de divulgá-lo.

Tudo é técnica. Assim como somos capazes de nos qualificar, adquirindo conhecimentos ligados à nossa área de atuação e desenvolver nossa inteligência racional, também somos capazes de adquirir conhecimentos e técnicas para desenvolver nossa inteligência emocional, o que não significa que seja fácil – aliás, para alguns perfis, como o meu, por exemplo, é dificílimo. O primeiro passo é internalizarmos o conhecimento de quão importante é essa prática e que tudo isso faz parte do nosso crescimento profissional. Depois, precisamos conhecer as técnicas e começar a aplicá-las de forma gradual até que isso se torne parte de nossa natureza. De tempos em tempos, temos de fazer uma autocrítica, com o objetivo de analisar se estamos realmente sendo emocionalmente inteligentes no comportamento e nos relacionamentos profissionais.

Marketing pessoal é uma estratégia composta por algumas atitudes que imprimem a imagem de um profissional e seus serviços no mercado de trabalho. Trata-se de adotar estratégias de comportamento, cuidar da própria aparência, construir *networking* e usar imagem e postura para gerar credibilidade.

Se você não tem um perfil naturalmente carismático, daqueles que "chega, chegando" e encanta as pessoas de maneira imediata por onde passa, será necessário desviar um pouco da sua zona de conforto, sendo proativo, expondo suas opiniões e se pronunciando em alguns momentos.

Podem parecer primárias as questões pontuadas a seguir, mas é muito comum alguns profissionais, inclusive de cargos de gestão, não se atentarem para esses comportamentos tão básicos, que deveriam ser inerentes a todos nós e contribuem com a nossa visibilidade. São eles:

- **Ser pontual:** não há melhor demonstração de comprometimento e respeito pelo tempo das pessoas.
- **Estar atento à pauta:** é muito desagradável participar de uma reunião em que as pessoas não conhecem o tema, não se prepararam e não agregam nada por isso.
- **Ter habilidades de comunicação:** desenvolver a assertividade na comunicação com bom vocabulário, clareza na maneira de se expressar e adequada interpretação de texto chama a atenção para seu discurso.
- **Não ter medo de se expressar:** em uma reunião, por exemplo, expressar sua visão sobre o tema, para algumas pessoas, pode ser desconfortável, mas há um motivo para você estar ali; então, não perca a oportunidade de dar sua opinião e apresentar soluções.
- **Estar sempre atualizado:** saber o que acontece no seu setor, estar atualizado sobre novas técnicas, conhecer a concorrência, qualificar-se com frequência, nem que seja para se reciclar, e, até mesmo, ter conhecimento dos jargões da sua área (e usar com moderação) são atitudes que geram credibilidade.
- **Desenvolver a empatia:** pessoas que demonstram genuíno interesse por seus colegas e têm a capacidade de se colocar no lugar do outro, além de serem prestativas, conquistam uma percepção positiva e tornam-se facilmente lembradas.

Várias atitudes podem chamar a atenção para um marketing pessoal negativo. Algumas delas, também comuns, são:

- **Usar o celular durante uma reunião:** atitude absolutamente imperdoável. É uma demonstração clara de falta de respeito pelo tempo do outro. Quando há uma situação específica e realmente importante, seja pessoal ou profissional, em que se está aguardando uma ligação, explique-se antes de a reunião começar, da possibilidade de ter que interromper para atender a chamada ou responder uma mensagem de texto. Fora isso, se não pode estar, de fato, presente naquele momento, adie. Mas não seja desrespeitoso. Não há necessidade de comentar esse gesto na relação com clientes, não é?

- **Não estar adequadamente vestido:** toda empresa tem um *dress code* (código de vestimenta), seja ele formalizado ou não, que está impresso no estilo da empresa. Normalmente, quem imprime esse estilo em uma estrutura menor são os sócios. Se eles vão trabalhar de moletom, é provável que não se importem que os outros o façam. No entanto as Moscas Brancas, em geral, mudam esse cenário porque sabem que pessoas com atitudes diferenciadas se comportam de maneira diferenciada. Não se trata de adotar um estilo formal ou chique, mas adequado. Além disso, apresentar-se no trabalho devidamente asseado e adequadamente vestido é uma questão de respeito à empresa, aos colegas, aos clientes etc. Demonstra o quanto você valoriza o ambiente de trabalho e as pessoas com quem se relaciona.
- **Não controlar as emoções:** todos nós temos dias bons e ruins, problemas pessoais, situações familiares e, às vezes, demonstramos não estar em um bom dia e, eventualmente, podemos parecer mais nervosos ou irritados – e tudo bem. No entanto fazer desses comportamentos uma prática no ambiente de trabalho não é nada profissional. Saber controlar as emoções e lidar com eventuais destemperos dos colegas deve fazer parte de um ambiente saudável.
- **Relacionar-se com pessoas no trabalho:** algumas empresas têm uma conduta definida para esse tipo de situação, posicionando-se positiva ou negativamente quanto ao relacionamento entre colaboradores. Normalmente, não é o caso das pequenas organizações. Sendo assim, prevalece o bom senso. Demonstrações de afeto ou protecionismo durante o expediente, bem como nas dependências da empresa, são desnecessárias e transmitem uma imagem de antiprofissionalismo.
- **Postura profissional:** um profissional deve adotar postura polida, gentil, educada, ética e respeitosa, dentro ou fora da empresa e, principalmente, quando se apresenta em nome dela. Mesmo em um ambiente informal, não dá para abrir mão desse comportamento.

É claro que não existem receitas de comportamento que garantam visibilidade positiva ou outras vantagens profissionais, mas sabemos que construir uma marca pessoal também depende de pequenos gestos, cuidados e posturas adotadas. Desse modo, não podemos perder nossa autenticidade. Devemos nos permitir ser quem somos, a partir da nossa melhor versão. É difícil construir uma imagem profissional que remeta segurança, credibilidade ou autoridade, mas é fácil colocá-la em xeque por causa de pequenos gestos.

Com o marketing pessoal bem desenvolvido, também é mais fácil negociar aumento, bônus e outras vantagens. A velha e boa frase "contra fatos não há argumentos" será sempre nossa melhor aliada nesses momentos. Se você se sente qualificado e atualizado para sua posição, e está certo de que está desempenhando muito bem sua função, saiba que isso não é o suficiente para garantir uma resposta positiva para seu pedido.

Como já sabemos que parecer ser é tão importante quanto ser, precisamos, além de tudo, estar preparados para esse momento – e estar preparado significa também documentar nossa trajetória.

Problemas financeiros todo mundo tem; esse não é um argumento válido para pleitear o quer que seja, inclusive porque, sob essa ótica, todos os colaboradores da empresa seriam merecedores também.

Não desperdice suas fichas à toa. Chame o superior para essa conversa apenas quando estiver realmente preparado. Para isso, você pode seguir os passos abaixo:

- Monte um portfólio da sua trajetória na empresa; cite a posição inicial que ingressou; o que fez para subir de nível;
- Registre os *savings*[13] que gerou; apresente os projetos dos quais participou.
- Relembre as melhorias que, eventualmente, sugeriu e implantou em um processo.
- Evidencie o que você trouxe de experiências anteriores que foram aplicadas na empresa.
- Diga o quanto você tem investido na sua carreira, citando cursos que tem feito por conta própria; e mostre o quanto está comprometido com a empresa.

---

13 Na linguagem dos negócios, pode ser entendido como a "prática de economizar dinheiro".

Ops! Você não realizou ou documentou nada disso? Então, comece a colecionar realizações, documente-as e, depois, sugira sua promoção.

Com essa chuva de argumentos citados e documentados, vai ser bem difícil ouvir um "não", desde que você tenha considerado o momento da empresa ou outros fatores externos relevantes.

Durante a pandemia de coronavírus, um colaborador de uma das empresas que dirijo me abordou, solicitando um aumento. Seu pedido foi feito no galpão, sem agendar uma reunião e sem nenhuma razão que não fosse sua necessidade pessoal. A empresa, como qualquer outra, estava focada em reduzir custos; além disso, seu faturamento estava comprometido (porque fornecia para indústrias, e algumas delas estavam paradas); além disso, boa parte da equipe estava afastada por atestado médico. Produzindo ou não, vendendo ou não, a empresa tinha que honrar o salário de todos os colaboradores e os demais compromissos. Por sua posição, esse colaborador em especial estava praticamente sem demanda. Ainda assim, a empresa não reduziu sua jornada e seu salário, que seria um direito garantido por lei, com o único propósito de não comprometer o orçamento do colaborador; afinal, as contas de todos continuavam a bater à porta e, ainda assim, ele achou oportuna essa solicitação. Isso é desperdiçar fichas. Além de, obviamente, não conseguir o aumento, o colaborador deixou uma má impressão, mostrou-se despreparado e sem senso de oportunidade.

O mínimo que todo colaborador deve considerar é o momento da empresa e da economia, o que inclui entender que a situação financeira do proprietário não é a situação financeira da empresa. Por isso, sua necessidade pessoal não é argumento para solicitação de aumento salarial. O foco do colaborador que se sente prejudicado quanto à sua remuneração tem de ser no quanto o mercado paga pelo seu serviço e se ele realmente presta um serviço diferenciado. Ele tem de documentar sua trajetória e abordar o assunto de maneira profissional. Caso contrário, a proposta inicial se inverte: além de ser, fazer parecer ser, pois, mesmo sendo um colaborador importante para a operação, essa atitude de desprezar o senso de oportunidade faz parecer ser o que ele não é.

NA PRÁTICA

Para aqueles que torceram o nariz ao ler o título desse tópico, sinto informar que vivemos em uma sociedade em que o parecer ser triunfou sobre o ser. A proposta aqui não é problematizar a sociologia, mas descobrir elementos que ajudem a construir uma história profissional de sucesso, adquirindo e praticando competências, habilidades e atitudes da escolha de cada um, importantes para construção de autoridade e de credibilidade, com a incumbência de nos fazer parecer quem realmente somos e com o intuito de atingir reconhecimentos profissional e financeiro.

A técnica não desqualifica a virtude; pelo contrário, complementa. A técnica de aprendizagem mais conhecida e implementada é a técnica da repetição de atos: quanto mais os praticamos, mais internalizamos o conhecimento. Se as técnicas estiverem alinhadas às virtudes, as atitudes serão honestas e genuínas. Não se sinta mal em se esforçar para parecer ser o que você é, de fato, ou quem está buscando se tornar, ainda que os comportamentos e as habilidades tenham sido adquiridos por meio de técnicas, pois, se você os elegeu como importantes para seu desenvolvimento pessoal e profissional, eles fazem parte da sua escolha, portanto, fazem parte de você.

Além disso, não adiantará repetir milhões de vezes técnicas nas quais você não acredita, pois elas não virarão um hábito. Adquirir qualquer comportamento ou habilidade é algo que tem que acontecer de forma livre, voluntária e espontânea. As técnicas se tornarão hábitos apenas se houver essa convicção, pois elas não nos proporcionam transformação, mas os hábitos, sim.

Não somos promovidos para um cargo relevante a fim de sermos testados na posição; somos promovidos quando já atuamos como se tivéssemos assumido tal posição, ou seja, quando já parecemos ser.

Escolher adquirir novos hábitos que podem melhorar nossa vida e que não violem quem realmente somos, além de mostrá-los às pessoas que nos cercam, não significa vestir uma personagem; em vez disso, significa maturidade para escolher o rumo e o desfecho da nossa própria história.

NO ENTANTO COMO PARECER SER?

Primeiramente, é necessário entender que ninguém faz gol todos os dias; então, proponho que, antes de se queixar da falta de reconhecimento, observe se não está adotando uma postura "mimada", no sentido de precisar ganhar estrelinhas diariamente para se sentir valorizado. Eu já me peguei com essa atitude e precisei olhar para dentro para entender o que se passava fora.

Em segundo lugar, não é apenas ao nosso gestor ou aos sócios da empresa que devemos mostrar o nosso valor. Às vezes, o reconhecimento não vem diretamente de cima; pode vir de baixo ou dos lados, para, depois, subir, ou seja, sua equipe, seus pares e, até mesmo, clientes e fornecedores podem se encarregar de enaltecer seu trabalho. Por isso, se você tem um chefe difícil de impressionar ou se você sente que ele não vê seu potencial, pare de "contar" isso para ele e comece a "contar" para as pessoas ao redor, por meio de atitudes. É como "comer pelas beiradas", tornando seus *stakeholders* agentes divulgadores do seu profissionalismo. Essa triangulação permite que as pessoas de suas relações reconheçam, comentem e recomendem sua conduta profissional. Desse modo, fatalmente chegará ao seu chefe o quão você parece ser o que é.

Em terceiro lugar, você pode ser mais eficiente se fazendo parecer de maneiras diferentes para públicos diferentes. Ainda que esteja triangulando com seus *stakeholders* para ser notado pelo seu chefe, você não precisa agir da mesma maneira como se estivesse mostrando algo diretamente para ele; muito pelo contrário, isso poderia, na verdade, passar uma imagem de formalidade ou de arrogância. Se você ajustar o seu discurso de acordo com sua audiência, passará a mensagem com mais clareza e correrá menos risco de "parecer ser" de forma errada. Isso não o desqualifica em nada, pois é muito inteligente, aliás, ajustar o seu discurso e a sua postura de acordo com quem você está se relacionando. O importante é passar a mensagem correta. De acordo com Maytê Carvalho, autora do best-seller *Persuasão*, "É uma questão de modular, e não de interpretar. É como abaixar e aumentar o volume da mesma música."

Se, em momentos-chave da vida profissional, agirmos de maneira a nos mostrar tão indispensáveis que ninguém ouse não reconhecer nosso comprometimento e nossa participação no desenvolvimento de uma solução, isso acaba se tornando uma marca, ou seja, passamos a ser reconhecidos como elementos essenciais na organização. Mesmo que situações emblemáticas tenham acontecido três vezes em cinco anos de empresa, elas ficam marcadas para sempre. Prever ou reconhecer esses momentos é muito difícil; adotar hábitos eficazes, como se antecipar aos problemas, ser proativo e ser participativo, ajuda a nos manter informados das situações e dos momentos em que podemos nos sobressair praticando nossos conhecimentos, além de reforçar a própria imagem.

Se a ideia é parecer um profissional diferenciado e preparado para assumir novas posições e responsabilidades, um bom recurso é construir uma imagem sólida que passe essa impressão. Para tanto, destaco três investimentos nos quais podemos focar para construir nossa marca pessoal:

1. **Capital Intelectual:** quanto mais bem informados sobre nossa área de atuação, quanto mais qualificados nos tornamos, quanto mais adquirimos as *hard skills* (habilidades técnicas) necessárias para o exercício da nossa função, mais evidente fica nosso capital intelectual. Evidenciá-los estrategicamente é uma forma de marketing pessoal.

Para alguns, pode parecer uma forma de exibicionismo, mas não há nada errado em divulgar seu capital intelectual, desde que seja feito com elegância e enaltecendo seu *ethos*[14], sem, contudo, rebaixar o dos demais. Exibir os resultados de um projeto que liderou, um e-mail de elogio de um cliente ou um *feedback* positivo de um fornecedor, colocando-o como um feito da equipe para a diretoria como um *case* de sucesso, por exemplo, pode até parecer, para seus colegas, "jogar confete para cima", mas, para a diretoria, pode significar satisfação em receber boas notícias em meio a tantas demandas pesadas que recebe diariamente, entendendo essa atitude como algo positivo, além de lembrar do seu nome como o portador das boas notícias.

2. **Capital emocional:** esse capital está ligado às *soft skills*, ou seja, às habilidades comportamentais. Pessoas intelectualmente bem desenvolvidas não necessariamente têm inteligência emocional no mesmo nível. Saber lidar com pessoas, ser empático e ter bom controle emocional não são naturais para todos os perfis, mas são habilidades que podem ser desenvolvidas por meio de formação e de técnica. Divulgar esse tipo de capital não demanda nenhum esforço, pois as ações falam por si só, inclusive porque sair falando por aí o quanto você ajudou seu colega, por exemplo, não vai pegar nada bem. Aqui basta ser para que seja notado como é.

3. **Capital visual:** é bem verdade que um sujeito vestindo moletom pode ter muito a dizer sobre o mercado de luxo, por exemplo, assim como é verdade que a disposição para ouvir essa pessoa pode ser muito inferior do que se ela estivesse vestida de acordo. Não se trata de crença pessoal. Um estudo da Universidade de Princeton, realizado em 2006, indica que leva um décimo de segundo para julgarmos uma pessoa. Além disso, a pesquisa informa que a impressão que teremos nesse curto período sobre confiabilidade, competência, atratividade e agressividade, provavelmente, não mudará. Outro estudo, realizado em 2009, publicado no *Personality and Social Psychological Bulletin*, indica que tanto o estilo das roupas como a

---

14 Modo de ser.

postura influem nas percepções iniciais. Paralelo a isso, é bem razoável pensar que se queremos ser vistos como profissionais notáveis, nosso visual tem de ser condizente com a intenção. Isso torna as pessoas mais dispostas a nos ouvir, mais suscetíveis a confiar, transmite segurança, além de elevar nossa autoestima. Mesmo quando não trabalhamos diretamente com clientes ou outros agentes externos, pode ser muito estratégico preocuparmo-nos com a imagem que queremos transmitir. Isso não significa ser extravagante ou usar roupas caras, mas harmonizar nossa personalidade com a imagem que queremos passar, ou seja, posso conviver em um ambiente informal sendo elegante, além de transmitir segurança e confiança à minha equipe, meus clientes e ao meu chefe, por exemplo, por meio da minha aparência, além da atitude. Por ignorar esse fato, muitos bons profissionais veem seus pares menos preparados assumindo posições que poderiam ser suas, porque não passam a imagem que deveriam passar. Há inúmeras condutas e atitudes que vão além dos conhecimentos técnicos, que nos fazem ser percebidos como bons profissionais. A boa aparência, sem dúvida, faz parte desse conjunto de ações. Para aqueles que acham essa conduta absurdamente injusta com aqueles que se prepararam a vida toda para ascender profissionalmente – e precisam se preocupar, também, com a aparência para isso acontecer – saibam que concordo plenamente, porém já não perco mais tempo com esse tipo de questionamento. Embora cuidar da aparência nunca tenha sido uma questão para mim, às vezes é pesado se preocupar o tempo todo em estar bem apresentável, mas devido aos frutos colhidos prefiro me render e usar meu capital visual a meu favor em detrimento de militar sobre a injustiça e aceitar que esse é só mais um item do conjunto de comportamentos que me ajudarão a atingir meus objetivos.

Outro destaque é que há momentos específicos em que a intensidade e, até mesmo, o desequilíbrio são aliados para parecermos ser o que quisermos. Se estivermos diante de um projeto que consumirá muitas horas de trabalho, isso pode ser uma ótima oportunidade para ressaltar o quão comprometidos e dedicados somos. Ou, ao contrário, se sentirmos que precisamos fortalecer nossa imagem quanto ao compromisso e à dedicação, podemos nos envolver ou criar um projeto em que possamos demonstrar essas qualidades. E são momentos específicos, pois ninguém quer se desequilibrar por longos períodos ou a vida toda. Em longo prazo, é insustentável e nada saudável, mas, planejadamente, pode ser muito estratégico.

Em geral, o que encontramos são pessoas totalmente focadas no aqui e agora, em detrimento de construir uma história profissional de sucesso em longo prazo, ou seja, eles estão mais preocupados em quantas horas extras precisarão fazer para se dedicar a um projeto ou para criar uma solução do que o que essas atitudes reverberarão no seu futuro profissional.

Triangular a intenção também pode ser uma excelente estratégia para se destacar, chamando a atenção para algo com o intuito de mostrar outra coisa. Ninguém vai olhar para você uma vez e notar o quão inteligente e profissional brilhante você é, mas, em um primeiro momento, ao notarem sua boa aparência, por exemplo, a atenção será, logo em seguida, voltada para o que você tem a dizer e, aí, sim, perceberão as características que realmente importam.

Trabalhei com uma pessoa que ia às reuniões importantes (em especial, àquelas que reuniam as gerências regionais e tinham muitos participantes) sempre maquiada de batom vermelho e usando brincos grandes de argolas douradas. Ela contou que fazia isso para que todos se lembrassem de que quem havia colocado aquele fato interessante à mesa fora a moça do batom vermelho e brincões, já que ninguém se recordaria do nome de todos. Dava muito certo; ela era, de fato, a gerente mais conhecida nacionalmente, e não pelo batom vermelho, mas por suas colocações.

A notabilidade está nos detalhes. Não basta sermos profissionais bem-preparados. Desenvolver nossa marca pessoal e usar dos artifícios disponíveis para sermos notados como realmente somos são condutas primordiais do desenvolvimento.

DESAFIANDO O
STATUS QUO

"Se não você, quem? Se não agora, quando?"
(Gary Herbert)

Desafiar o *status quo*[15] é um convite para sair da zona de conforto, explorar novas possibilidades, e ter coragem de fazer as coisas de maneira diferente. É uma chamada para se posicionar como um agente de mudança, que busca desafiar as convenções e criar um impacto positivo em seu ambiente. Além de questionar o padrão existente, a pensar além do convencional e a buscar alternativas inovadoras, que envolve questionar práticas obsoletas, quebrar paradigmas, estimular a criatividade e buscar soluções revolucionárias.

Como alguém extremamente prática, acredito com veemência que devemos ser os agentes da mudança que buscamos. Eu sei, pode parecer clichê, mas é a única alternativa aceitável. Afinal, esperar que alguém promova as mudanças as quais acreditamos serem necessárias é tão eficiente quanto mascar chicletes para resolver uma equação.

Há profissionais altamente competentes em suas respectivas áreas que parecem estagnar em suas carreiras e, frequentemente, queixam-se das empresas onde trabalham, reclamando da falta de iniciativa dessas empresas em implementar as mudanças necessárias ou de não enxergarem as soluções "óbvias" para resolver problemas. Porém, se eles têm o conhecimento do caminho a seguir, se têm ideias ou soluções para contribuir, por que não as colocar em prática ou, pelo menos, dividi-las com seus superiores para aperfeiçoá-las juntos?

---

15 *Status quo* é uma expressão em latim que significa "estado atual".

Um profissional não pode esperar que alguém pergunte sua opinião ou se esconda por timidez, sendo que sua atitude pode transformar sua trajetória profissional ou o próprio destino da empresa em que trabalha.

Em algumas pessoas, essa atitude passiva de não se manifestar quando necessário está tão enraizada que é utilizada até mesmo em situações de sobrevivência. Estudos mostram haver pessoas que não reagem imediatamente ao som de um alarme de incêndio simplesmente porque esperam que alguém tome a iniciativa primeiro e isso pode acontecer tarde demais.

Essa inércia também ocorre no ambiente de trabalho. Existem pessoas que enxergam os problemas, mas não tomam nenhuma atitude para resolvê-los. Essa falta de iniciativa afeta, muitas vezes, profissionais inteligentes e talentosos que se paralisam diante das oportunidades de exercer suas habilidades e se sobressaírem.

Por vezes, colaboradores operacionais gastam o dobro do tempo em tarefas simples por lentidão em seus computadores, por exemplo, ou buscando alternativas sem sentido devido à falta de materiais ou equipamentos adequados, simplesmente por não acionarem os responsáveis ou pedirem ajuda.

Nem sempre ingressamos em empresas que nos fornecem as condições ideais para o desenvolvimento pleno do nosso trabalho, uma situação especialmente comum em empresas menores. O profissional que espera o gestor ou os sócios da empresa perceberem as suas necessidades, provavelmente se frustrará e responsabilizará qualquer um, exceto ele mesmo, por não mudar o cenário. O bom profissional aponta os problemas, enquanto os verdadeiros agentes de mudança propõem soluções.

Essa premissa é válida tanto para resolver um buraco na parede quanto para a gestão estratégica do negócio. Se algo não está bom, precisa ser resolvido. Se uma solução é necessária, alguém precisa apresentá-la, planejá-la e executá-la. E por que não ser você?

Não podemos nos acostumar com as precariedades, seja de um fluxo de trabalho, condição estrutural, falta de estratégia entre outros aspectos. Quando ocupamos posições de liderança, a atitude de solucionar problemas e melhorar as condições deve ser uma prioridade, pois é a maneira mais eficaz de disseminar uma cultura de solução.

Proporcionar um ambiente seguro, saudável, estável, com planejamento e organização é uma das missões de um líder de departamento ou de uma empresa, pois as pessoas se moldam ao ambiente. Não se pode cobrar organização da equipe se há caos, bagunça e sujeira no local. Assim como os colaboradores se acostumam com esse tipo de cenário, também se acostumam com condições propícias e trabalharão para mantê-las.

Não é difícil encontrar empresas optando por soluções baratas e de curto prazo, comprometendo a qualidade ou eficiência em detrimento de soluções inteligentes e eficazes com algum investimento. Entretanto um bom estudo realizado pode provar que um pequeno investimento pode proporcionar melhoria de produtividade, economia de tempo e de mão de obra, qualidade do serviço ou do produto e garantia de cumprimento de prazos, e pode inclusive, ser mais econômico que vários pequenos reparos. Medir o ganho calculando a relação entre o custo e o benefício pode mostrar a viabilidade do investimento.

Formar uma equipe em um ambiente propício e controlado transforma a curva de aprendizado em uma reta ascendente.

O tempo é o ativo mais precioso de uma pessoa ou empresa e anda de mãos dadas com a eficácia que, por sua vez, maximiza o lucro. Por essa ótica, é fácil concordar que investir no melhor ambiente e condições possíveis de serem proporcionadas impulsiona o crescimento e o desenvolvimento das equipes e da empresa.

No entanto esse tipo de ambiente não se constrói apenas com máquinas e equipamentos de ponta. A maior parte da construção está na cultura organizacional e na formação das equipes. Implantar a cooperação e a solução de problemas na cultura da organização, formando equipes eficientes e dispondo da tecnologia necessária, pode elevar muito o nível de atendimento a clientes internos e externos, da prestação de serviços ou da produção.

Se ainda for preciso mais argumentos para agir como agente da mudança, segue alguns:

- **Empoderamento pessoal:** ao assumir o papel de agente de mudança, assumimos controle de nossa própria carreira e do nosso destino profissional. Isso nos dá um senso de empoderamento e autonomia, permitindo que nossas tomadas de decisões estejam alinhadas com nossos objetivos e aspirações.
- **Crescimento e desenvolvimento:** ao ser ativo na busca por mudanças, nos colocamos em uma posição de crescimento e desenvolvimento contínuo. Estaremos constantemente aprendendo, adquirindo novas habilidades e experiências, o que pode sustentar nossa carreira e abrir novas oportunidades.
- **Adaptação ao ambiente em constante mudança:** o mundo dos negócios e o mercado de trabalho estão em constante evolução. Ao ser o agente da mudança, nós nos tornamos mais ágeis e adaptáveis às novas demandas e tendências, nos permitindo manter a relevância e competitividade em um ambiente em constante mudança.
- **Satisfação e realização profissional:** ser o protagonista de nossa jornada profissional traz uma maior sensação de satisfação e realização; buscando o que realmente nos importa, definindo metas e trabalhando para alcançá-las. Isso cria um senso de propósito e motivação, levando a uma maior satisfação no trabalho.
- **Influência e impacto:** ao assumirmos o papel de agente de mudança, temos a oportunidade de influenciar positivamente nosso ambiente de trabalho, colaborando para a melhoria de processos, culturas e resultados. Podemos ser um catalisador de mudanças e deixar um impacto duradouro na organização em que trabalhamos.
- **Responsabilidade pessoal:** ser o agente da mudança significa assumir a responsabilidade pela nossa própria carreira e pelos resultados que desejamos alcançar. Isso implica em ser proativo, identificar oportunidades, enfrentar desafios e buscar constantemente melhorias.

Em suma, ser o agente das mudanças que desejamos em nossas vidas profissionais nos permite ter mais controle, crescimento, satisfação e impacto. É uma abordagem proativa e empoderadora que nos coloca no comando da nossa jornada, permitindo que construamos a carreira que desejamos.

NA PRÁTICA

Há uma verdade inescapável que ninguém, nunca, conseguirá mudar: no final do dia, ninguém virá salvá-lo.
Ser o agente das mudanças que entendemos como necessárias em nossa vida profissional ou pessoal deve ser a única opção para os profissionais que almejam crescimento e desenvolvimento.

Essa postura é o que impulsiona os profissionais de destaque e, de fato, impulsiona uma carreira, seja em qualquer tipo de estrutura organizacional ou como empreendedor. Ser alguém que não espera uma solução cair do céu em qualquer situação é um diferencial significativo, uma vez que a grande maioria se limita a reclamar sem agir.

Um colaborador de valor inestimável em qualquer organização é aquele que reage diante de situações desfavoráveis, que não se conforma com a mediocridade, que se recusa a absorver uma cultura negativa e atua como um inconformado positivo. Isso significa que ele não aceita situações insatisfatórias para o negócio e reage de forma positiva para promover mudanças.

Percebo um padrão entre os perfis mais passivos. Eles atribuem sua falta de iniciativa à falta de voz, argumentando que já tentaram se expressar, mas não foram ouvidos. E essa sequência de eventos os tem silenciado cada vez mais. No entanto a lógica de que um líder, que é a pessoa responsável por servir seus liderados, de modo que todos tenham condições de executarem o seu trabalho da melhor e mais produtiva forma, não pode ignorar um problema devidamente relatado, e me faz questionar o seguinte:

1. **O problema foi relatado à pessoa certa?** Não adianta relatar um problema a alguém que não tem autoridade para resolvê-lo.

Isso não é uma ação proativa, mas sim um desabafo. É ilógico que os responsáveis pelas demandas tenham conhecimento de um problema e não ajam para resolvê-lo quando têm a capacidade de fazê-lo. Se a situação colocar alguém ou algo em risco, é importante falar com o superior dessa pessoa, se necessário, com o foco na solução. Isso é uma questão de responsabilidade e não significa passar por cima de ninguém. Já, se estamos apresentando uma sugestão, reclamação ou ideia, também devemos levar em consideração a concordância ou discordância da outra parte. Mas é essencial que nos expressemos!

2. **O real problema foi relatado?** Um problema é o desvio entre a situação atual e a situação desejada. Muitas vezes, identificar a causa deste desvio já é um desafio. A primeira coisa que devemos pensar é: qual é o real problema que precisa ser resolvido? É muito comum as pessoas se ocuparem tentando resolver o problema errado, sendo eficientes sem serem eficazes, ou seja, fazendo bem a coisa errada. Dependendo de como comunicamos o problema, essa confusão pode acontecer.

A perspicácia de entender a raiz do problema colabora com a velocidade e a qualidade da solução. É isso que separa os bons dos excelentes. Essa habilidade pode ser adquirida por meio da aplicação da Técnica dos Cinco Porquês. Que é muito eficiente para encontrar as causas-raiz de um problema e pode ser aplicada em qualquer situação. Começamos definindo o problema aparente e perguntamos cinco vezes por que ele acontece. Veja que interessante:

Causa aparente do problema: o cliente recusou o pedido.

1. Por quê? Porque chegou após o horário combinado.
2. Por quê? Porque a transportadora atrasou a entrega.
3. Por quê? Porque aguardou tempo demais a liberação da mercadoria.
4. Por quê? Porque houve problema de impressão da nota fiscal.
5. Por quê? Porque não havia toner na impressora.

Causa-raiz do problema: falha no gerenciamento de abastecimento de suprimentos.

Solução: rever o fluxo de abastecimento de suprimentos, checar a capacidade de entrega do fornecedor e avaliar estoque de segurança.

Perceba a diferença entre entender a causa aparente e a causa-raiz do problema: antes de acionar a equipe comercial, responsabilizar a transportadora, ou ainda, concluir que o problema é a falta de toner para a impressão, deve-se entender que a causa-raiz é o fluxo de abastecimento de suprimentos; isso proporcionará agilidade na solução do problema e evitará mais problemas motivados pelo fluxo de abastecimento de outros suprimentos.

Essa técnica também é eficiente para aplicar em situações pessoais:
Causa aparente do problema: meu salário não é suficiente.

1. Por quê? Porque ainda sou assistente.
2. Por quê? Porque não consegui uma promoção.
3. Por quê? Porque havia candidatos mais preparados do que eu.
4. Por quê? Porque não me qualifiquei.
5. Por quê? Porque não planejei meu futuro profissional.

Causa-raiz do problema: falta de planejamento profissional.

Solução: avaliar quais comportamentos, habilidades e atitudes preciso adquirir para evoluir profissionalmente, buscar essa qualificação e colocar em prática o aprendizado.

Este último exemplo evidencia o motivo pelo qual algumas pessoas, embora se sintam insatisfeitas com sua situação, não tomem atitudes para reverter o quadro. Primeiramente, elas não se questionam para compreender a raiz de seus problemas; em segundo lugar, não têm a atitude de se tornarem agentes das mudanças que precisam ser aplicadas em suas vidas.

Por trás de toda gestão, existe uma demanda oculta e desafiadora: identificar os problemas-raiz. Essa tarefa nem sempre é fácil, especialmente quando o gestor não está tão próximo da operação. No entanto é aí que surge a oportunidade de se destacar e fazer a diferença.

Desenvolver a habilidade de encontrar os problemas reais e sugerir soluções transformadoras é como se tornar um verdadeiro agente da mudança dentro da organização. Essa habilidade nos coloca em posição de destaque, mostrando aos gestores nosso verdadeiro potencial. Podemos passar de colaboradores a solucionadores de problemas, além de construtores de oportunidades.

Podemos nos tornar protagonistas de nossas carreiras, encarando cada obstáculo como uma chance de crescimento e desenvolvimento, assumindo o desafio de sermos agentes da mudança e o reconhecimento e sucesso acontecerão naturalmente.

USANDO A AUTOCONFIANÇA COMO CHAVE-MESTRA

Os novos *coachings* e gurus da internet enfatizam a importância da autoconfiança e incentivam as pessoas a acreditarem que podem realizar qualquer coisa. Embora seja positivo cultivar uma mentalidade de autossuficiência e confiança em nossas capacidades, é importante adotar uma perspectiva mais equilibrada entendendo que a autoconfiança genuína não se baseia em ilusões de grandeza ou em acreditar que somos invencíveis em todas as situações. Trata-se de reconhecer nossas habilidades, talentos e conquistas, ao mesmo tempo em que aceitamos nossas limitações e estamos receptivos a aprender e crescer.

Quem nunca foi persuadido com frases como: "Você tem quê...?", "Você tem de ser mais compreensivo", "Você tem de entender que...", "Você tem de ser mais proativo". Essas expectativas são impostas sobre nós, constantemente, mas nos cabe decidir como reagir.

É uma questão de perfil e de escolha. É necessário entender que não precisamos nos moldar às expectativas dos outros, que precisamos de discernimento para filtrar as críticas construtivas, aproveitando-as para o nosso crescimento pessoal e profissional, enquanto deixamos de lado as expectativas que não refletem nossa essência e nossos objetivos.

É questão de perfil porque cada um de nós tem várias características pessoais que nos tornam quem somos. Meu perfil profissional é executor/analista, segundo a metodologia DISC. Logo, as chances de me sobressair em funções em que a criatividade é o principal elemento de trabalho são infinitamente inferiores às de funções relacionadas a liderança e controle, por exemplo. Assim, não seria inteligente que me cobrassem excelência criativa.

E de escolha, porque está em nossas mãos o direcionamento do nosso aprendizado e nosso desenvolvimento, ou seja, embora a criatividade não seja um dom natural, posso escolher investir no desenvolvimento desta habilidade e buscar a excelência.

O desenvolvimento profissional não pode se basear em opiniões alheias, pois não se trata de agradar os outros ou de se encaixar em padrões preestabelecidos. Trata-se de buscar o autoconhecimento, ser autêntico, de viver de acordo com nossas próprias convicções e de seguir em frente, mesmo diante das críticas e das pressões externas.

Isso não significa não aceitar *feedbacks*, mas analisar as devolutivas, críticas e sugestões de comportamento, embasado no conhecimento do próprio perfil profissional. Para isso, é possível sugerir ao gestor ou ao departamento de recursos humanos da empresa que apliquem metodologias de reconhecimento de perfil para *feedbacks* mais assertivos e construtivos ou buscar por conta própria conhecer o próprio perfil, a fim de conduzir a carreira sem achismos ou opiniões infundadas.

Antigamente, acreditava-se na necessidade de desenvolver os pontos fracos como forma de aprimoramento profissional. No entanto essa abordagem resultava em profissionais medianos, uma vez que o investimento em atividades de baixo desempenho desperdiçava a oportunidade de alcançar a excelência. Atualmente, fala-se em desenvolver, cada dia mais, os pontos fortes, para construir autoridade na sua área de atuação. A ênfase recai no constante desenvolvimento dos pontos fortes, visando construir autoridade em nossa área de atuação. No entanto a decisão de investir ou não em habilidades específicas é uma escolha pessoal, e essa escolha deve ser cuidadosamente ponderada de acordo com nossos planos de desenvolvimento profissional.

Para alguns perfis, o *feedback* pode ser uma experiência desafiadora, porém acredito que isso esteja relacionado à perspectiva que adotamos. Sempre temos algo a melhorar; o importante não é como isso é dito, mas como recebemos. Opinião todo mundo tem e nada mais é, do que uma visão momentânea baseada nas experiências pessoais do próprio crítico e nos eventos recentes, não constituindo uma verdade.

Quando recebemos uma opinião negativa, pessoal ou profissionalmente, podemos nos comportar de duas maneiras: (1) entrarmos em crise existencial, nos sentirmos ofendidos, sofrermos de autopiedade ou, ainda, destruirmos essa relação; (2) desenvolvermos a escuta empática no sentido de tentar entender quais eventos o levaram a chegar àquela opinião.

No fim das contas, não importa se é fato ou não, o que importa é que essa pessoa desenvolveu esse olhar sobre você e só você pode mudar isso, mesmo discordando. Nesse caso, cabe uma conversa franca e uma reflexão sobre mudanças de atitudes que possam fazer as pessoas receberem sua postura de maneira mais positiva.

Autoconhecimento é a chave para abrir a porta da autoconfiança. Pode ser dolorido refletir sobre nossas ações e sobre como recebemos as coisas e as pessoas, mas é um ótimo exercício. Já notou que ouvir a mesma coisa em ocasiões diferentes pode ser recebido de maneiras distintas? De acordo com seu estado de espírito, humor, momento de vida, a mesma frase tem pesos diferentes. Então, podemos concluir que, algumas vezes, o problema não está no que foi dito e nem em como foi dito, mas em como foi recebido. Se tivermos a consciência de que podemos escolher como recebemos críticas, é possível tirar o melhor dessa situação, em vez de nos chatear. Esse poder de escolha vem do autoconhecimento, pois se você está seguro de que determinada observação ou crítica recebida, de fato, não procede, você deve se concentrar em tentar entender quais eventos levaram a pessoa a lhe ver dessa forma, em vez de sofrer com a crítica.

A narrativa que você constrói para contar sua própria história diz mais sobre você do que a história contada. Quando ouço a história de vida de alguém, concentro-me mais na narrativa, no quanto ela se vitimiza, vangloria-se, se sua visão sobre si mesma é abundante ou escassa, do que nos próprios fatos.

Construir a narrativa da própria história significa escolher a forma como a pessoa se vê e quer ser vista. Essa escolha reverbera na maneira como as pessoas vão construir a sua imagem, pois todos temos mais de uma forma de contar a mesma história, e a narrativa escolhida, seja otimista, pessimista, vitimista, enfim, diz quem você é.

Se quiser tentar um exercício, conte para si mesmo sua própria história, da maneira como está acostumado a contar, e atente-se à narrativa construída. Agora, reflita se não é a partir dessa narrativa que as pessoas estão construindo a sua imagem. Depois, reconstrua a narrativa da mesma história de maneira mais positiva, de como você quer ser visto, e adote esse modelo.

A forma como nos enxergamos reflete na percepção que os outros têm de nós. Da mesma forma, a maneira como reconhecemos nossas próprias conquistas influencia como os demais as percebem. Insistir internamente que conquistamos uma vaga de emprego apenas porque os outros candidatos eram fracos, ou que alcançamos uma promoção por sorte, em vez de reconhecer que somos competentes, nos preparamos e perseguimos essa oportunidade, é demonstrar uma falta de confiança em nós mesmos. E, antes de qualquer outra pessoa, é essencial que confiemos em nós mesmos, pois ninguém depositará confiança em nós se não a tivermos.

NA PRÁTICA

Por receio de parecerem arrogantes, algumas pessoas tendem a evitar demonstrar autoconfiança e podem interpretar erroneamente esses comportamentos em seus colegas e líderes, resultando na perda da oportunidade de crescimento profissional, como promoções, liderança de projetos importantes e reconhecimento por suas contribuições, além de não transmitir segurança, confiança e competência e de não reforçar relacionamentos saudáveis.

Porém autoconfiança refere-se a ter uma crença positiva em si mesmo, nas próprias habilidades e capacidades. É uma sensação saudável de segurança e confiança interna que permite enfrentar desafios, assumir responsabilidades e expressar opiniões de forma assertiva. A autoconfiança está enraizada na autoestima e no autoconhecimento, e é construída com base em conquistas pessoais, experiências positivas e *feedback* construtivo.

Por outro lado, a arrogância envolve uma atitude de superioridade e desprezo pelos outros. Pessoas arrogantes tendem a exibir um senso inflado de importância pessoal, menosprezando as opiniões e habilidades dos demais. Elas podem se comportar de maneira autoritária, desrespeitosa ou dominadora, demonstrando falta de empatia e humildade.

É fundamental encontrar um equilíbrio saudável entre autoconfiança e humildade. Ser autoconfiante não significa menosprezar os outros ou se sentir superior, mas sim reconhecer seu próprio valor e competência de forma realista. Comunicar suas ideias, expressar opiniões com segurança e assumir responsabilidades de maneira confiante são comportamentos que podem abrir portas e levar a novas oportunidades na carreira.

A autoconfiança também pode ser demonstrada de forma estratégica e intencional, como em apresentações e reuniões, nos momentos de tomada de decisão, ao gerenciar projetos, na colaboração em trabalhos em equipe e até mesmo, ao receber *feedbacks*.

Certa feita, em uma devolutiva de análise de desempenho, meu chefe me dizia repetidamente: "Você tem de...", como em uma análise autobiográfica em que ele tentava se encontrar na minha pessoa ou tentava me transformar na dele. Em detrimento de aceitar um conselho que não seria a melhor escolha, nem para mim, nem para a empresa, eu disse algo do tipo: "Eu admito esses pontos fracos, que, inclusive, são os seus fortes, mas você não acha que, já que você domina esses pontos, eu deveria me concentrar nos meus pontos fortes, que são complementares aos seus, para formarmos uma equipe multidisciplinar mais eficaz?"

Muitos gestores cometem esse erro de tentar se encontrar em membros da equipe que se destacam, quando, na verdade, é mais produtivo pensar em quais competências técnicas ou comportamentais o indivíduo, a equipe ou a empresa precisam que sejam desenvolvidas no momento.

A crítica baseada em uma análise equivocada, que poderia trazer desmotivação e queda de produtividade, por meio do autoconhecimento, da autoconfiança e da clareza do que era realmente necessário rendeu credibilidade quando mostrei que eu tinha uma autocrítica construída e que estava trabalhando na construção da autoridade na minha área.

Outro exemplo de desenvolvimento da autoconfiança está na construção da narrativa da nossa própria história.

Se ouvisse essas duas histórias:

1. Meus pais se separaram quando eu tinha dois anos de idade e, além de mudar de cidade, precisei frequentar a escola em período integral desde essa época, já que minha mãe, uma mulher divorciada na década de 1970, além de enfrentar o preconceito, precisava, sozinha, sustentar duas filhas. Seu segundo casamento me deu outra irmã de presente, mas também fracassou, e perdi o padrasto que me criara. Apesar da infância difícil e da mãe ausente, fui capaz de estudar e ingressar em uma grande empresa aos 21 anos de idade. Progredi nela à custa de muitas horas trabalhadas e muito esforço, mas uma decisão equivocada me

levou ao empreendedorismo. Apesar do êxito em um primeiro momento, o negócio ruiu e perdi tudo. Precisei voltar para o mercado como colaboradora em uma empresa menor e começar tudo de novo.

2. Viver adversidades ainda na infância me proporcionou o amadurecimento e a independência que só quem tem o privilégio de conviver com uma mãe forte e independente como a minha é capaz de adquirir. Isso me ajudou a conquistar ótimas posições no mercado, deu-me coragem para empreender e encarar novos desafios. Meu maior ganho como empreendedora foi descobrir o significado de resiliência muito antes de essa palavra virar moda, além de intensificar minha multidisciplinaridade. Ao voltar para o mercado, fiz a escolha assertiva de apostar minha carreira em uma empresa de médio porte, que me ajudou a chegar onde estou.

Quem você contrataria ou escolheria para trabalhar junto? Quem inspira mais confiança e profissionalismo? Ou, ainda, com quem seria mais agradável conviver? Essas duas versões da minha história, como qualquer outra, podem ser contadas com narrativas diferentes.

Perceba que as escolhas começam por como nos enxergamos, pela narrativa que escolhemos para contar nossa história, ou seja, de dentro para fora. Quando demonstramos segurança, autoconfiança, autoestima e brio, damos subsídios para que pressuponham nossa personalidade por meio dos nossos argumentos, a fim de construírem internamente nossa imagem. Se esses argumentos forem muito mais positivos que negativos, passaremos a confiança necessária para que acreditem em nossa capacidade de realização.

Nas situações em que nossa autoconfiança é colocada à prova, como em uma devolutiva de análise de perfil, em um *feedback* do chefe ou em uma entrevista de emprego, sempre poderemos escolher entre sofrer com as críticas ou procurar entender quais eventos provocaram a construção dessa imagem (e tentar reverter o quadro). Discordar da crítica não fará nenhuma diferença. Por isso, não adianta desperdiçar tempo e energia sofrendo com elas. Use essa potência para entender e mudar, se isso for importante para você.

O autoconhecimento leva à autoconfiança, que leva à credibilidade. Não dá para inverter essa lógica.

FAZENDO DO EQUILÍBRIO O DESTINO, E NÃO O CAMINHO

Direto ao ponto: ninguém consegue realização profissional mantendo o equilíbrio o tempo todo.

Antes que me condene por essas palavras, vamos tentar desconstruir esse dualismo entre equilíbrio e desequilíbrio. Por que um, necessariamente, elimina o outro ou por que não podemos considerá-los complementares em uma ordem de causa e efeito?

Para sair do lugar comum, em que entendemos o equilíbrio como algo bom e o desequilíbrio ruim, vamos exercitar a flexibilidade cognitiva a fim de assimilar, definitivamente, que o foco está na solução e não na problematização, de modo que os desafios representam o desequilíbrio; e as conquistas, o equilíbrio.

É claro que devemos buscar o equilíbrio entre o trabalho e a vida pessoal, e, ainda, o equilíbrio físico, mental, social e espiritual. Contudo achar que devemos nos concentrar em nos mantermos equilibrados o tempo todo e ainda conseguir ascensão profissional é puro delírio.

O conceito de sucesso profissional é muito subjetivo. Enquanto, para alguns, alcançar um cargo, ter tranquilidade financeira, ser reconhecido no mercado ou ser chefe é a medida do sucesso, para outros, pode ser trabalhar menos horas, tirar mais férias, chegar cedo em casa ou passar mais tempo com a família. Seja qual for a sua concepção, em alguns momentos da sua jornada profissional, você vai precisar se desequilibrar para conseguir chegar lá.

Há momentos na carreira em que é preciso se desequilibrar para equilibrar, sacrificar algumas noites de sono ou momentos familiares, trabalhar duro, estudar e dizer não para o que nos tira do foco. Não dá para colher sem plantar.

Se considerarmos o equilíbrio como consequência do desequilíbrio, só o fato de ressignificar o conceito permite que o desequilíbrio ganhe outro peso. Se nos lembrarmos que quem traçou nossos objetivos fomos nós mesmos, ele fica ainda mais leve.

Outra proposta que deixo aqui é repensar o que realmente significa a busca do equilíbrio entre vida profissional e pessoal. Matematicamente falando, esse equilíbrio seria atingido se o nosso trabalho consumisse 50% do nosso tempo acordados e as outras atividades relacionadas à vida pessoal, os outros 50%. Todavia, se considerarmos como tempo dedicado ao trabalho o tempo para se arrumar, tempo de locomoção e a hora do almoço, fica inviável para a maioria das pessoas. Sendo essa a nossa realidade, talvez seja mais eficiente refletirmos sobre nossa escolha profissional. Posso garantir que quem tem o prazer de trabalhar com o que gosta não faz essa conta.

Em detrimento de tentar equilibrar vida pessoal e profissional, podemos misturá-las adequadamente e encará-las como complementares. Talvez, o segredo esteja em equilibrar seu propósito de vida e sua profissão. Quando esse casamento é feliz, é menor o peso de trabalhar para atingir os objetivos.

Sempre que ouço um profissional comentar sobre onde deseja chegar, tenho a curiosidade de saber o que ele está fazendo hoje para conseguir, pois nada acontece da noite para o dia. É preciso anos de estudo e de experiência profissional para colher os frutos.

Aqueles que usam a busca do equilíbrio como desculpa para justificar a falta de esforço para atingir suas metas passarão a vida enganando a si mesmos. Cada um sabe de seus limites para conquistar o que entende como sucesso profissional. O que não se pode é culpar terceiros ou situações pela falta de êxito. Aqueles que, por convicção, não se esforçam para progredir e se sentem felizes e confortáveis com sua decisão também merecem nosso respeito, desde que não transfiram a responsabilidade de suas escolhas para ninguém.

Talvez, o desequilíbrio seja tão demonizado pelo fato de a zona de conforto estar intimamente ligada ao equilíbrio; grande parte das pessoas teme sair dessa zona. Alternar equilíbrio e desequilíbrio na carreira é necessário e, muitas vezes, não se trata de escolha. O importante é ser perspicaz para equilibrar e desequilibrar, sem deixar de aproveitar o caminho que nos levará aos nossos objetivos.

As Moscas Brancas amam seu trabalho e sentem dificuldade de distingui-lo do lazer. Por isso, passam pelos momentos de desequilíbrio apreciando o percurso. Para elas, o desequilíbrio significa fazer mais daquilo que gostam.

NA PRÁTICA

É preciso ter consciência das dificuldades de galgar um espaço significativo no mercado de trabalho que renda satisfação profissional e ganho financeiro, além de saber que há muitas pessoas na mesma busca. Com essa consciência formada, não é difícil perceber que é preciso muito empenho para atingir seus objetivos e desequilibrar, às vezes, algumas áreas da vida.

Não há profissionais notáveis que não tenham vivido essa experiência, que não tenham renunciado a momentos ou que não tenham sido cobrados e, certamente, criticados pela família ou pelos amigos por trabalhar demais ou não estar tão presente. No entanto insisto em dizer que tudo na vida depende de escolhas. As pessoas que têm clareza dos seus objetivos receberão o ônus e o bônus das suas decisões. Depois, quando chegarem no lugar onde tanto lutaram para estar, esses mesmos familiares e amigos vão dizer o quanto se orgulham delas.

Fazendo uma rápida pesquisa no Google sobre equilibrar vida pessoal e profissional, encontramos inúmeros artigos como: "Saiba como equilibrar a vida em seis passos", "Cinco dicas para equilibrar vida pessoal e profissional", "Dez dicas essenciais...", todos eles demonizando o desequilíbrio em busca dos próprios objetivos quando, na verdade, a questão pode ser alinhar os objetivos e as expectativas sobre si mesmo. Se nossa expectativa é ser o próximo Steve Jobs, e não nascemos com uma genialidade natural, precisaremos de muito desequilíbrio para estudar e trabalhar, para quem sabe um dia, chegar perto desse objetivo.

Em detrimento de demonizar as atitudes que nos levarão a alcançar os objetivos que nós mesmos traçamos, será que não devemos repensar esse objetivo ou se estamos dispostos a pagar o preço que ele vale?

Alguns desses artigos citam a relação com o dinheiro e dizem que essa busca não deve ser o elemento mais importante das nossas vidas, como se esse fosse o único motivo para desequilibrarmos a vida pessoal e profissional. Não sei quanto aos autores dos artigos, mas muitas pessoas têm um propósito e encaram o dinheiro como mera consequência. Talvez, esse peso do desequilíbrio exista, de fato, para quem trabalha com o único objetivo de ganhar dinheiro. Nesse caso, deve realmente ser muito penoso, pois quem tem um propósito ou está focado na realização planeja os períodos de desequilíbrio, é consciente de que eles não serão permanentes e os administra com mais leveza, sabendo que fazem parte da caminhada para atingir os objetivos, que foram conscientemente escolhidos.

Quando sentimos que o desequilíbrio está em descompasso, que ele está acontecendo além do nosso planejamento, podemos usar esse sentimento como gatilho para avaliarmos o que se perdeu no caminho e, talvez, replanejar o percurso ou o próprio destino. Sem crise, sem juízo de valor, apenas com a consciência que tudo é uma questão de escolha. Assim como atingir metas altas nos custam tempo, esforço e desequilíbrio, levar uma vida altamente equilibrada também tem seu preço. Se você estiver bem com essa escolha, não há nenhum tipo de conflito.

Se fosse necessário listar passos para ter equilíbrio, eu faria assim:

- Defina seu objetivo profissional.
- Descreva tudo o que será preciso fazer para atingi-lo.
- Reflita se está disposto a pagar o preço necessário.
- Se sim, siga em frente; se não, volte ao primeiro.

Diferentemente de quem está iniciando uma carreira, quando atingimos um certo patamar profissional, o equilíbrio se torna perene e os momentos de desequilíbrio são escolhas, normalmente, relacionadas a atingir um objetivo maior.

Querendo ou não, é basilar aceitar a ideia de que o equilíbrio é consequência do desequilíbrio e que, no lugar de uma linha em que se desenha essas duas pontas, reforçando a dicotomia, é possível imaginar um círculo em que ressignificamos equilíbrio e desequilíbrio como resultado um do outro. O fato é que os grandes ganhos são obtidos depois do horário de expediente, seja com *network*, estudo, elaboração estratégias ou mais atenção à resolução de problemas difíceis, em meio às tarefas do cotidiano. Se isso não for prazeroso a maior parte do tempo, vale uma reflexão.

CONSTRUINDO RELAÇÕES SAUDÁVEIS COM OS DONOS DA EMPRESA

É um clássico. Certamente, se você nunca vivenciou uma situação como essa, conhece alguém que vivenciou. Fulano começou a trabalhar na empresa, teve uma sinergia incrível com os proprietários e tornaram-se melhores amigos. O colaborador era perfeito para a função e os sócios eram as pessoas mais acolhedoras que ele já encontrara. A disponibilidade e o comprometimento do colaborador eram tamanhos que, além de cumprir suas funções na empresa com maestria, ele passou a colaborar com assuntos pessoais. Frequentavam os mesmos lugares nos fins de semana, e o colaborador já não faltava a nenhum churrasco de família dos sócios. O chefe comentava com ele situações do trabalho que não tinham a ver com suas funções, além de comentar sobre seus colegas. Com o passar do tempo, com a convivência excessiva e com a intimidade, os sócios começaram a achar o funcionário meio "entrão", dizendo que ele palpitava em tudo, não dava espaço para eles conversarem em particular e que, até mesmo, pediu dinheiro emprestado. Já o colaborador passou a se sentir explorado, trabalhava em excesso, assumia cada vez mais funções que não eram as suas, dentro e fora da empresa. E aquela linda relação profissional e pessoal se foi. Nem o bom colaborador nem o bom amigo restaram.

Isso acontece o tempo todo porque os limites da relação não são respeitados. É muito importante entender que o problema não é estreitar a relação com o chefe, mas não respeitar os limites. Isso vale para ambos.

Trabalhar com o que a gente ama é muito bom, ainda mais com pessoas com quem temos afinidade e amizade. Passamos muito tempo no trabalho, convivendo diariamente, e seria até ofensivo, para ambos, estabelecer um limite rígido de relacionamento. Colocar essa barreira não agrega nada, não é inteligente e pode, inclusive, ser prejudicial sob vários aspectos. No entanto se você quiser fazer carreira em uma estrutura menor ou familiar, saiba que nada o impede de estreitar os laços com os sócios da empresa, se houver afinidade, desde que alguns limites sejam estabelecidos.

É muito inteligente que um empresário tenha uma relação mais próxima de seus colaboradores-chave, afinal, são eles que cuidam de sua empresa, seu patrimônio e seu dinheiro. Ter pessoas que gostam de você fazendo isso, é sem dúvida a melhor opção. Além disso, em estruturas menores, é quase inevitável a aproximação. Para os colaboradores, trabalhar para pessoas com as quais sentem afinidade faz mais sentido.

Mas quais são os limites dessa relação? De quem é a responsabilidade de defini-los? Os limites são vários, e a responsabilidade é de ambos, mas, na prática, é melhor que o colaborador se ocupe de organizar essa relação, inclusive porque, se ela não der certo, ele perde o emprego e o amigo. É impressionante como a maioria das pessoas não raciocina usando essa lógica.

CADA RELAÇÃO É ÚNICA, MAS ALGUNS PONTOS SÃO UNIVERSAIS

É compreensível que os demais colegas tenham ciúme da amizade com o chefe e o acusem de ser puxa-saco. Para evitar essa situação, é muito conveniente deixar as demonstrações de amizade para depois do expediente e ser o mais profissional possível quando estiver no ambiente de trabalho, evitando comentários sobre o que fizeram juntos fora da empresa; chamá-lo pelo apelido, nem pensar.

Nas situações de estresse, por mais que se tenha intimidade, melhor evitar comentários e atitudes que expressem o excesso de liberdade. Quando surgir aquele *happy hour* durante a semana, que se estendeu além da conta, ser o primeiro a chegar no dia seguinte, mesmo que ele o libere dessa obrigação, demonstra que você não mistura as relações. Além disso, é extremamente importante levar a sério o ditado "o que acontece em Vegas, fica em Vegas".

Frequentar os mesmos locais e eventos não é exatamente um problema, desde que haja maturidade suficiente para evitar que a intimidade interfira no trabalho. Um ótimo termômetro para ver se a relação não está começando a passar dos limites é perceber se estão ignorando as más condutas um do outro.

Uma boa demonstração de maturidade seria, no caso de o colaborador cometer um deslize, conversar sobre isso com o chefe no ambiente de trabalho, de preferência na sala de reuniões, com a formalidade que o assunto merece, deixando muito claro que essa formalidade também pode e deve ser usada por ele, a fim de que as decisões não sejam tomadas baseadas na amizade. Na prática, a decisão vai acabar considerando a proximidade da relação, mas só o fato de o colaborador se mostrar preocupado em separar as coisas e em deixar o chefe à vontade para decidir gera mais credibilidade e confiança.

A decisão de criticar ou não uma atitude do chefe deve ser tomada considerando a maturidade da relação. Quando essa relação é realmente concretizada, o chefe espera que o colaborador-amigo o alerte e seja honesto com ele, com foco no bom andamento do negócio. Isso deve ser feito com discrição, em particular e, de preferência, no ambiente de trabalho.

Há uma técnica muito boa para inserir comentários pessoais em uma conversa profissional, sem parecer invasivo: usar expressões como: "vou te falar de CPF para CPF ..." ou "deixando o crachá de lado...".

Isso serve para adicionar aqueles parênteses na conversa, porém sem a conotação de que estamos ultrapassando alguma linha.

Essa relação de amizade com o chefe e a exposição nas redes sociais são ações que devem ser usadas com moderação. Exibir essa amizade na internet dá munição aos colegas mais críticos que, em algum momento, colocarão você na posição de ser julgado se aquela promoção aconteceu por mérito ou amizade. Expor algumas ocasiões mais importantes com o chefe-amigo pode até ser estratégico, mas revelar todo encontro, churrasco ou *happy hour* é desnecessário.

Há uma frase que diz "falar mal do chefe é um direito de todo trabalhador". Pode ser meio cruel, mas tem seu fundo de verdade. Quem nunca? Quando o colaborador-amigo escuta a "rádio peão" falar mal do chefe, é inteligente tratar com naturalidade e sem comentários. Se for um desabafo inofensivo, e desde que não seja algo difamatório, morre ali. Se for algo antiético, que possa prejudicar o chefe ou a empresa, devemos, de alguma forma, contar para o chefe – e isso não faz de você um informante, mas um colaborador focado no bom andamento do negócio.

Ser amigo do chefe torna o trabalho mais prazeroso e divertido, mas também tem desvantagens. Falar de dinheiro, por exemplo, fica bem mais difícil. Nessa hora, cabe ao colaborador-amigo se lembrar de separar a relação pessoal e profissional em todos os sentidos, pois, assim como é seu direito, como de qualquer outro colaborador, reivindicar o que acha justo, não se pode usar o que sabe em off ou pontos sobre a vida do chefe-amigo, para encorajar a abordar o assunto. Se o chefe está dando demonstrações de que está sobrando dinheiro no caixa, o amigo do chefe tem de se lembrar que a vida financeira do chefe não é a vida financeira da empresa, que é o que tem de ser levado em conta antes da solicitação de aumento. Os empresários ganham mais dinheiro que os colaboradores. Fato. Muito justo. São eles que arriscam seu patrimônio investindo em um negócio em um país economicamente instável, com leis e tributos questionáveis. E não são apenas riscos financeiros que eles correm; são responsáveis pela saúde ocupacional e pelo bem-estar de seus colaboradores, pela execução de tarefas difíceis e pela tomada de decisões penosas diariamente. Aconteça o que acontecer, o quinto dia útil vai bater à porta, assim como as inúmeras outras obrigações com fornecedores, clientes, prestadores, fisco etc. Pensando friamente, se não for para ganhar dinheiro, é melhor investir seu capital em alguma aplicação financeira sem correr tantos riscos. Manter o foco na sua atividade e no quanto se paga por ela no mercado é uma forma de não se perder nessa comparação. Se estamos falando de uma Mosca Branca de verdade, que tem real relevância para o negócio, sabemos que ela vale mais que os demais colaboradores – e saberá demonstrar isso, negociando benefícios, bônus e, quem sabe, até mesmo, uma sociedade.

Há situações ainda mais delicadas, por exemplo, quando se recebe uma proposta de trabalho. Sempre surge a dúvida de contar ou não contar. Se meu chefe for realmente meu amigo, eu contaria, da maneira mais transparente possível, o motivo de ter surgido o interesse na vaga ofertada, mesmo sabendo que ele pode reagir como chefe, e não como amigo, iniciando um processo de seleção. Moscas Brancas têm mentalidade de abundância, e a honestidade é sempre o melhor caminho, sobretudo, quando há amizade envolvida – e isso pode ser verbalizado. No entanto como apenas nós sabemos as dores e as delícias de sermos quem somos, deixo essa decisão para você.

Um cuidado que acredito ser o segredo do sucesso nesse tipo de relação que eu adotei em todas as experiências profissionais, inclusive nas grandes empresas, é deixar o chefe ser o chefe. Mesmo que seja você "o cara" em alguns momentos, parecer ser o "cara do cara" pode te levar muito mais longe. Entendo que essa conduta seja mais difícil para alguns perfis que fazem questão de assumir todos os créditos, todas as vezes. Particularmente, não acho inteligente, tampouco estratégico, desde que isso não interfira nos meus objetivos, ou seja, desde que eu não tenha desenvolvido a cura do câncer e entenda que é mais interessante transferir o crédito naquele momento, faria, faço e farei. É claro que não se trata de renunciar aos créditos sempre, mas de perceber quando ou diante de quais pessoas é mais conveniente agir assim. Não se preocupe, os chefes sempre sabem de quem foi a boa ideia. Há vários motivos para ele estar na posição de ser seu chefe, entre os quais, provavelmente, a inteligência e a esperteza. Sendo assim, não vão querer matar a galinha dos ovos de ouro; ao contrário, vão recompensar e manter esse talento. Se não há essa recíproca na relação, é hora de reavaliá-la.

Precisamos pensar como um time, mesmo quando estamos falando dos donos da empresa. Ainda que tenhamos ótimas intenções, é preciso saber como entregar isso, saber a hora de passar a bola e deixar o outro marcar o gol.

Dica de um milhão de dólares: em estruturas menores, não se "chega chegando". Mesmo quando se é contratado para resolver uma questão específica, chegar escancarando uma solução que o dono da empresa não encontrou é tiro certo no pé. Eles querem sua boa ideia, mas não a custo de destruir a própria autoestima ou de colocar em xeque sua imagem diante do restante da equipe ou da família. A maneira como se entrega a solução pode te transformar no pior inimigo ou no salvador da pátria. Estratégia aqui é fundamental. Estudar o terreno, perceber o nível de abertura, entregar aos poucos e respeitar a *expertise* de cada um pode ser o melhor caminho.

Como se não fosse uma relação complicada o suficiente de administrar, ainda pode haver mais afinidade com um sócio do que com o outro. Nesse caso, não vou mentir, você tem um problema difícil. O ciúme é quase sempre inevitável, e será necessário encontrar um espaço para encaixar a amizade com apenas um deles. Já vivi situações em que, claramente, apenas um deles fazia questão da minha presença em situações fora da empresa. Foi difícil lidar com isso, pois, apesar de não transbordar de afinidade por mim, a minha dedicação e a dor de dono ao negócio, que também eram as dele, não mudavam. Mas ninguém disse que seria fácil.

Vivi também uma experiência em que os quatro sócios não se relacionavam entre si e transferiam seus problemas de relacionamento para os colaboradores, que, necessariamente, precisavam eleger seu sócio de estimação, eliminando o relacionamento com os demais. Fui contratada como gerente pelo sócio administrativo, logo, segundo a dinâmica estabelecida por eles, eu teria que me juntar à equipe dele, eliminando qualquer contato com os outros sócios e suas equipes. Obviamente, foi a experiência profissional mais bizarra e curta que já tive.

O fato é que bons empresários desfrutam das vantagens de serem amigos de seus colaboradores-chave, de quem cuida da sua empresa e do seu dinheiro. Colaboradores Mosca Branca encontram os limites dessa relação, construindo-a de forma saudável e duradoura.

NA PRÁTICA

Assumir a responsabilidade de estabelecer os limites da relação com o chefe ou com os sócios da empresa coloca o colaborador no controle para não arriscar o bom relacionamento. É muito inteligente respeitar esses limites, mesmo nos momentos de descontração, e entender que essa relação de amizade é diferente de todas as outras que já viveu, no sentido de não se permitir relaxar completamente, já que há outras questões muito importantes em jogo.

Talvez, a estratégia mais valiosa seja "combinar" o jogo. Coloco aspas em "combinar" porque não precisa, necessariamente, ser dito, mas exposto, dependendo do nível de intimidade dessa relação. No meu caso, por exemplo, estava implicitamente combinado que meu então chefe se fazia valer do meu *ethos*, das minhas capacidades, da minha competência de gestão e da minha habilidade de ser o "policial mau", quando fosse necessário; enquanto eu me valia da sua rede de relacionamentos, da capacidade de investimentos, da competência para resolver conflitos e de seu talento de ser o "policial bom", quando fosse preciso.

Como sócios, a dinâmica continua, e as combinações são, normalmente, declaradas, o que não significa que há mais harmonia. Ao contrário, combinar o jogo com toda a clareza nos faz nos expor ainda mais e arrisca o conflito, o que não é, necessariamente, algo ruim. No conflito, nos conhecemos melhor, alinhamos os interesses para elaborar novas estratégias e refinamos a relação.

Unir essas premissas pode tornar o relacionamento, tanto pessoal quanto profissional, mais maduro e, para encerrar, eu diria que a confiança mútua é a peça fundamental. Mesmo nos momentos de grande estresse, quando não aguentamos nem olhar um para a cara do outro, combinamos previamente que devemos confiar na essência, pois, mesmo discordando, estamos focados no mesmo objetivo.

Essa é nossa senha para encerrar um conflito: "Confie na essência!".

GERENCIANDO O PRÓPRIO CHEFE

Usar a perceptibilidade em uma pequena ou média empresa a serviço da geração de credibilidade começa pela percepção da personalidade dos chefes ou sócios da empresa, do papel que eles desempenham e seu contexto. O tipo de abertura que eles concedem, quais seus objetivos, que pressões eles sofrem; se são pessoas com disposição a mudanças, quais são seus pontos fortes e fracos, o que eles esperam do seu trabalho e além dele, quais são suas fraquezas e habilidades ou estilo de trabalho e gestão. Essas respostas também estarão, de alguma forma, incutidas na cultura organizacional, mais ainda na definição de missão, visão e valores, que é outro importante guia para evitarmos o voo cego.

Compreender a si mesmo é tão importante quanto, já que o chefe ou sócio é apenas a metade do relacionamento, e a outra metade é também a única que temos controle: nós mesmos. Para encontrar eficácia nessa parceria, é preciso reconhecer nossas forças e fraquezas, necessidades e estilo pessoal.

Nós não vamos mudar a estrutura da nossa personalidade, nem a deles, mas a consciência dos fatores que facilitam ou dificultam o trabalho conjunto, permite adotar ações que tornem o relacionamento mais eficaz.

A partir daí, já com o estilo de abordagem rascunhado, podemos iniciar a elaboração de uma estratégia. O estilo de abordagem que será usado na comunicação, na apresentação de um projeto, ao expor necessidades do departamento, solicitar uma aprovação, investimento ou, até mesmo, um aumento salarial. A maneira como expomos uma ideia, ou seja, a narrativa adotada pode mudar completamente o desfecho.

Outro aspecto muito importante é que existem donos de empresas que nutrem relação passional com o negócio, e, quando lidamos com esses tipos, precisamos ser cuidadosos na linguagem e no contexto, evitando expressões como "meus fornecedores", "meus clientes" ou "minha equipe". O uso dessas expressões pode causar uma sensação ruim de apropriação de algo que não pertence ao colaborador. Para tirar essa impressão, quando causada, é necessário muito esforço e nem sempre temos tantas oportunidades. E nem é tão condenável assim, pois, muitas vezes, a empresa é familiar e tem uma história de amor na concepção do negócio envolvendo pais, filhos ou irmãos – e não nos custa respeitar essas sensibilidades.

Imagine quão desagradável seria criticar duramente um produto ou um processo (mesmo que seja uma análise técnica) que tenha sido criado, ainda que você não soubesse, pelo falecido pai do sócio da empresa. É uma saia-justa desnecessária, pois precisamos ter a consciência de que muitas coisas nessas empresas são de autoria de um familiar. Diferentemente de um colaborador de uma multinacional, por exemplo, que tem a liberdade de criticar um processo de produção tecnicamente. O foco, nestes casos, está, totalmente, na resolução do problema.

São por esses detalhes e delicadezas que a relação pode ficar mais estreita, promovendo mais oportunidades de expressar suas ideias.

É preciso ficar também atento a outras percepções sensíveis, como identificar de que maneira estão acostumados a receber um tipo de informação, inovar a partir delas e perceber a disponibilidade de aceitar mudanças. A familiaridade com determinadas ferramentas ou com a maneira de fazer algo pode garantir boa parte da aprovação de sua ideia. Expor uma informação no padrão de relatório do sistema ou no padrão que o sócio está acostumado, de forma a gerar familiaridade, pode representar metade da aprovação. A outra metade você vai conseguir garantindo a qualidade das informações, a precisão dos dados, uma boa estrutura e mostrando o benefício da implantação ou da mudança.

Meu sócio, por exemplo, prefere receber relatórios em Excel com a soma nas primeiras linhas, fonte Arial e tamanho 12, e se mostra irritado em ter que ajustar a planilha a esse formato antes da análise dos dados. Quando ele recebe da maneira preferida, sempre pergunta quem fez o relatório e, cada vez que essa pessoa acerta nos detalhes, ele nutre mais confiança e se mostra mais disposto a ouvi-la.

Desenvolver essa perspicácia da percepção de pequenos detalhes pode fazer muita diferença na construção da credibilidade. Falamos tanto de credibilidade por aqui porque é dela que um colaborador precisa para ser visto como Mosca Branca.

Percebo que algumas pessoas possuem receio de adotar esse comportamento, confundindo-o com algum tipo de "puxa-saquismo", quando, na verdade, se está apenas fazendo um trabalho estruturado e estratégico.

Fui vista como petulante, puxa-saco e até arrogante, por alguns colegas, principalmente no início da carreira, por gerenciar meus chefes. Na época, eu não sabia, até por se tratar de uma atitude empírica. John J. Gabarro, escritor e professor de comportamento organizacional na Harvard Business School, já havia apontado em 1980 esse comportamento como uma técnica para trabalhar com os superiores para obter os melhores resultados para si mesmo, para os chefes e para a empresa. Ele mostra que os relacionamentos não precisam ser geridos de "cima para baixo" como a hierarquia da organização.

Essa técnica foi baseada na percepção de quanto os chefes podem ser dependentes de seus colaboradores-chave quanto à colaboração, confiabilidade e honestidade, assim como os colaboradores, podem ser dependentes de seus superiores para se conectar com a organização, obter recursos ou estabelecer prioridades. Reconhecendo essa dependência mútua, as Moscas Brancas vão buscar entender as preocupações e anseios dos seus chefes sendo sensíveis a seu estilo de trabalho. Essa perceptibilidade atuará como fator de produtividade e culminará em credibilidade.

Gerenciar o chefe significa também protegê-lo dele mesmo em alguns momentos. Não é porque ele é o chefe que, naturalmente, torna-se o progenitor cheio de sabedoria, que deve saber, o tempo todo, o que é melhor para eles, para a empresa e para a equipe. Ao contrário, são pessoas que como qualquer um de nós: imperfeitas, falíveis, sem conhecimento enciclopédico ou percepção extrassensorial e que, por vezes, precisam ser alertadas sobre o próprio comportamento.

Outra peculiaridade é que, nesse tipo de estrutura menor, a confiança tem um peso ainda maior. Por isso, a postura que o colaborador adota para tratar assuntos confidenciais ou delicados, ao participar de reuniões que envolvem outros familiares ou a maneira como se comporta em determinadas situações podem ser condutas notáveis geradoras de confiança. É difícil explicar as entrelinhas, mas se trata de enxergar uma linha tênue entre a atenção a detalhes que, para muitos, passam despercebidos e a discrição ao abordá-los.

A estratégia que vai gerar notoriedade e que pode ser adotada na maioria dos modelos de negócio é a colaboração na profissionalização ou na melhoria dos processos e fluxos de trabalho. A grande sacada é encontrar um estilo de comunicação não invasivo com os sócios (pois pequenos detalhes podem trazer essa conotação) ao praticar sua estratégia de ganhar notabilidade. Seria como dizer, com ações (ou até com palavras, dependendo do nível de proximidade), que você possui habilidades para contribuir com o crescimento ordenado e profissional do negócio, adotando comportamentos do empreendedorismo corporativo, e que o fará respeitando os limites necessários.

É assim mesmo: delicado e difícil de verbalizar, mas acredito que seja esse o caminho para mostrar sua relevância em organizações desse porte e para construir a credibilidade necessária para ser visto como uma Mosca Branca.

NA PRÁTICA

Ser sensível no sentido de entender os limites, as entrelinhas, as pequenas brechas, a hora de entrar e sair ou de falar e calar pode contribuir para a perceptibilidade a respeito do ambiente e das pessoas, e isso vai reverberar na construção da credibilidade.

Não se trata de renunciar às próprias características ou de se encolher para caber em um lugar ou situação, mas de uma vontade genuína de se aprimorar profissionalmente por meio do desenvolvimento do negócio do qual faz parte, praticar a empatia, perceber as nuances, ter sensibilidade para externar da maneira mais adequada possível suas próprias ideias e propostas de mudanças, ajustando a linguagem conforme a audiência.

A perceptibilidade está intimamente relacionada a um conjunto de atitudes empreendedoras que, se praticadas nos momentos e nas situações mais adequados, contribuem para a notoriedade, que tem como consequência a credibilidade.

Segundo John J. Gabarro, é possível se beneficiar da dependência mútua que, normalmente, se estabelece com os chefes ou sócios da empresa, desenvolvendo um relacionamento mais produtivo, pautado em:

- Compatibilidade do estilo de trabalho: alinhar o estilo da entrega de informações de acordo com a preferência de quem toma as decisões, como recebê-las pessoalmente para os "ouvintes" ou via relatório para os "leitores", ou ainda, manter contato frequente com aqueles que se envolvem mais ou àqueles que preferem delegar, informá-los das decisões importantes já tomadas, torna a parceria produtiva;
- Expectativas alinhadas: supor o que o chefe espera é, sem dúvida, muito arriscado. Mas descobrir suas expectativas seja debatendo

detalhadamente o tema ou apresentando um esboço do seu projeto para entender o alinhamento, será mais eficaz;
- Fluxo de Informações: é bem comum que os colaboradores suponham o que os chefes precisem saber e o que de fato sabem. Mantê-los informados, respeitando o estilo que funciona melhor, coloca essa parceria em outro nível;
- Confiabilidade e honestidade: neste quesito, basta entregar o básico. Prometer apenas o que se pode entregar, não minimizar os problemas e não esconder a verdade;
- Bom uso do tempo e recursos: não convém desperdiçar o tempo e recursos de ambos com questões desnecessárias, ser seletivo é mais eficiente para atingir os objetivos do chefe, os próprios e os da empresa.
- O que alguns vão chamar de "puxa-saquismo", estudiosos da gestão de pessoas chamam de estratégia para tornar a parceria com o chefe ou sócio da empresa mais produtiva, além de reforçar o próprio *ethos*, se colocando como "peça" importante na estrutura do negócio.
- Há várias outras atitudes estratégicas que podem ser praticadas em situações congruentes ao empreender no negócio de terceiros, como:
- Busca constante de aprendizado, atualizações e informações: essa atitude empreendedora praticada corporativamente fará os donos do negócio colocarem você na mesma página em que se encontram, mostrando que você domina tanto quanto eles, ou mais, determinados assuntos. No entanto fique atento para não dar a conotação de disputa de quem sabe mais sobre o negócio deles. Para fugir dessa cilada, o pulo do gato é concentrar sua *expertise* em algum ponto fraco deles, ou seja, se eles são profundos conhecedores dos processos de produção, seja você o perito na gestão desse negócio, ou na área de recursos humanos, ou em qualquer outra atividade complementar, de preferência na maior deficiência deles.
- Comprometimento e persistência: colaborar com o desenvolvimento da equipe e demonstrar o esmero com os clientes e os fornecedores, persistindo no compromisso diante das adversidades

e dos momentos difíceis é, sem dúvida, uma demonstração de lealdade com o negócio. Desafio alguém a encontrar um empresário que não valorize essa característica em seus colaboradores.

- Iniciativa e busca constante de oportunidades: antecipar-se aos fatos e às necessidades do departamento ou da empresa, criando soluções ou oportunidades, ajuda no desenvolvimento da empresa e do profissional que percebe as dores do negócio e toma a iniciativa de buscar soluções. Não é possível ser passivo diante dos problemas e, ao mesmo tempo, desejar ascensão profissional, pois são duas coisas que jamais caminharão juntas.
- Planejamento e monitoramento: mesmo que a empresa e seus sócios tenham como característica a falta de planejamento e a administração empírica, pode acreditar, eles esperam de seus colaboradores a atitude inversa. Os colaboradores devem desejar mais ainda, pois não será possível mostrar os resultados sem uma organização de tarefas, prazos definidos, valores etc., de forma que seja possível monitorar os resultados, ou seja, sem organizar não é possível medir, sem medir não se consegue calcular um *saving* ou mostrar um "antes e depois".
- Estabelecimento de metas: estabelecer metas claras para a execução do seu trabalho. O que vai fazer, como e quando são fatores que ajudam a executá-lo com propriedade e a medir os resultados. Ampliar essa atitude para o planejamento da carreira e para a vida pessoal coloca-o em outro nível. Conviver com pessoas que sabem o que querem é inspirador e ter colaboradores que passam a imagem de que sabem o que estão fazendo gera confiança, respeito e credibilidade. Portanto, ao falar com os sócios, com a equipe e com os *stakeholders* em geral, demonstre que você não está à deriva, tanto na condução do seu trabalho quanto na sua carreira ou vida pessoal, que você tem planos e objetivos e os está executando. Não esqueça de que as pessoas das nossas relações são as responsáveis por propagar nossa conduta e nos ajudam na construção da nossa imagem.

Nem a contradependência[16] nem a superdependência serão aliados dos colaboradores que desejam desenvolver uma parceria com seu chefe. Definir estratégias que assegurem que você o compreende quanto aos seus objetivos, suas forças e fraquezas, seu estilo de trabalho, as pressões que enfrenta e seus pontos cegos, assim como ter consciência do próprio estilo, das forças e fraquezas e da predisposição em relação à dependência de figuras de autoridade, desenvolverá um relacionamento saudável, baseado na confiabilidade e honestidade, em que será possível alcançar altos níveis de produtividade através da compatibilidade de expectativas e estilos.

Essa dobradinha ou essa formação de dupla no estilo Batman e Robin ou, quem sabe, Harvey Specter e Mike Ross (personagens da série *Suits*), vai proporcionar uma melhor experiência profissional para você, para ele e para a empresa, além deixar o trabalho mais prazeroso e divertido e isolar qualquer possibilidade de alguém, inclusive o próprio chefe ou sócio, ousar imaginar esta empresa sem você.

Não raro, ouço profissionais se queixarem de que, apesar de acreditarem estar preparados para contribuir com ideias ou inovações, sentem que não têm voz ou percebem uma indisposição para expor sua contribuição. Nesses casos, sempre convido a refletir se é, realmente, uma questão de falta de espaço para se expor ou disposição do chefe, ou se não há, ainda, uma credibilidade construída, que abra esta porta. Sendo assim, volte vinte casas, porque, normalmente, não nos falta disposição para ouvir em que confiamos, sobretudo as que trazem soluções para nossos problemas ou possibilidades de crescimento.

Tudo isso sem ignorar, ainda, o senso de oportunidade. O momento e a maneira como expomos nossas ideias e contribuições, podem mudar completamente o desfecho. A linha que separa o colaborador que sempre tem algo relevante a acrescentar, do chato que não dá oportunidade

---

16 Distanciamento afetivo.

para o restante da equipe se expor ou que não sabe o momento adequado de abordar o chefe é, algumas vezes, quase imperceptível.

Para alinhar a expectativa quanto a dar os próximos passos na organização, subir de nível ou quanto ao retorno financeiro, será preciso observar ainda outras nuances.

Os empresários que estão vivenciando sua primeira empreitada, normalmente, possuem perfil diferente daqueles que herdaram a empresa ou já partiram para o segundo ou terceiro empreendimento. E sua perceptibilidade também deve atuar no sentido de alinhar suas expectativas profissionais ao perfil do dono da empresa e decidir pelo investimento ou não de sua carreira neste negócio.

Por observação, percebo que empresários que já provaram o sabor do insucesso ou já "quebraram", ao menos uma vez, entenderam que ninguém constrói nada sozinho, percebem que é melhor ser dono de 70% de uma empresa saudável e rentável, do que 100% de uma empresa estagnada, doentia ou endividada, ou, ainda, que é mais estratégico ter uma política mais justa de distribuição de parte dos lucros com seus colaboradores-chave e estão mais propensos a dividir para multiplicar.

Mostrar para estes perfis, pequenos e recorrentes progressos, ideias e inovações que estão proporcionando o desenvolvimento ou a profissionalização do negócio, sobretudo das áreas as quais ele não domina, coloca esses colaboradores como parte importante da operação e traz a preocupação em satisfazê-lo profissional e financeiramente, de acordo com sua função e responsabilidades, a fim de garantir a retenção deste talento.

Os empresários que já viveram esse ciclo possuem experiência suficiente para identificar e reconhecer os colaboradores Moscas Brancas, livre e espontaneamente, e se mantêm atentos ao perceberem novos talentos integrando as equipes.

Mas se a empresa a qual você colabora tem como sócios pessoas que ainda não vivenciaram a experiência de terem Moscas Brancas em suas equipes ou não sabem como lidar com elas, caberá a todos vocês desenharem juntos os contornos dessa relação, de forma que todos, o empresário, a empresa e o colaborador, ganhem.

  A literatura a respeito de empreendedorismo é ampla e seu conteúdo pode ser adaptado a atitudes empreendedoras dentro de um negócio já estabelecido. Sempre estive atenta para absorver características desse tipo, mesmo sem almejar uma sociedade, pois, como já havia estado do outro lado, como empresária, era mais fácil me colocar no lugar e imaginar quais comportamentos, habilidades e atitudes seriam relevantes para ser vistos como parte importante do negócio. Quem não passou por essa experiência pode se informar consumindo conteúdo para empreendedores, mesmo que não seja um empresário.

FAZENDO O TRABALHO DEVOLVER O SUCESSO

Não há garantia de que, se trabalharmos muito, obteremos satisfação profissional e financeira. Algumas pessoas até se ofendem com este tipo de afirmação, porque, de fato, dedicaram longos anos da vida a uma carreira, trabalhando arduamente, com pouco crescimento e desenvolvimento.

Mas trabalhar muito não significa trabalhar certo. Se não lançarmos o bumerangue corretamente, ele não volta para as nossas mãos. Por isso, não posso deixar de citar novamente o conceito de eficiência e eficácia. A eficiência evidencia a maneira de fazer as coisas, fazendo algo bem-feito, dentro do que é esperado, com competência e produtividade, mas não significa que é a coisa certa ou que é o melhor que poderíamos fazer naquele momento ou situação. Fazer a coisa certa é o conceito de eficácia.

Dentro do contexto empresarial, podemos exemplificar citando um colaborador que realiza uma tarefa de maneira excelente, porém não era a tarefa que ele deveria realizar naquele momento, de acordo com seu fluxo de trabalho; assim como um empresário que se dedica de forma exaustiva na execução de tarefas que deveriam ser executadas por sua equipe, enquanto deveria se dedicar ao desenvolvimento de seu negócio, às vendas, ao atendimento de seus clientes etc. Ambos estão executando bem a coisa errada.

O mesmo acontece com a condução de carreira de algumas pessoas que trabalham muito, mas em tarefas, formas de atuação ou até mesmo em escolhas profissionais que não são a melhor opção.

Essa falta de estratégia, de definição de papéis, de processos que faz os profissionais se dedicarem a "apagar os incêndios" em detrimento de executarem de forma planejada e calculada as tarefas mais apropriadas à sua função, e nos momentos adequados, é ser eficiente sem ser eficaz.

As pessoas que são apaixonadas pelo seu trabalho podem deixar a eficácia de lado, executando com muita eficiência as funções que mais lhe agradam, como desenhar para os desenhistas ou programar para os programadores, renunciando a estratégias que vão colaborar para seu desenvolvimento profissional, como ampliar seu repertório, fazer *networking*, melhorar a comunicação etc.

Já no contexto pessoal, podemos refletir sobre nossas escolhas profissionais. Será que toda essa potência que está sendo aplicada no trabalho que estamos realizando no momento, deveria, de fato, ser canalizada nessa função, nessa empresa ou nessa escolha profissional?

Não há melhor ou pior virtude entre ser eficiente e eficaz, pois são complementares e não excludentes. Ser eficiente e eficaz a maior parte do tempo é possível quando há uma estratégia, um planejamento ou a construção de um caminho a percorrer que traga eficácia às escolhas, aliados a execuções bem elaboradas baseadas em experiência, estudo, organização e método, produzindo a eficiência.

Esta reflexão, ou a falta dela, pode explicar a sensação de ter trabalhado duro, durante muito tempo, sem alcançar o sucesso esperado. Ou ainda provocar a autocrítica e a análise da causa-raiz da falta de êxito para, finalmente, entender o que pode ser mudado e melhorado daqui para a frente, em detrimento de responsabilizar outras pessoas ou situações.

Quando pautamos a maioria das nossas atitudes no lócus de controle interno, nos responsabilizando por nossos erros e acertos, tornamos mais fácil a resolução dos nossos problemas. Pois, se acreditarmos que a solução depende de nós mesmos, acreditaremos que somos capazes de resolver a maioria dos percalços. Ou estaremos sempre dependendo de alguém ou alguma coisa para obtermos os resultados esperados.

Tudo na vida é uma escolha; certos ou errados, escolhemos os caminhos que nos trouxeram até onde estamos e, sentindo ou não que fizemos tudo o que era possível, só nos resta olhar para frente, corrigir os erros do passado, acertar a rota e seguir em frente.

Não é fácil, nada é fácil. Sorte só existe para quem acorda cedo e faz o dia render, estudando, trabalhando, cuidando da saúde, da família, dos relacionamentos; para quem tem objetivos claros, desenvolve metas para atingi-los e se ocupa de desenvolver bons hábitos para chegar à posição que almeja.

Einstein, Steve Jobs, Oprah Winfrey, Walt Disney e muitos outros amargaram alguns fracassos antes de conquistarem seus objetivos. Não é difícil encontrar pessoas que justificam seu fracasso, desqualificando a jornada do outro, encontrando desculpas que explicariam sua situação, como a maneira que o outro foi criado, sua condição econômica ou psicológica ou até mesmo o excesso de sorte. Não conheço a eficácia desse método, porque foco na minha própria jornada, em manter minha mentalidade de abundância no sentido de enxergar oportunidades onde muitos veem dificuldade.

Da mesma forma que há pessoas que recebem seu futuro numa bandeja, que têm a oportunidade de estudar nas melhores universidades, que possuem acesso a todos os recursos possíveis e não alcançam seus objetivos, há aqueles que passaram por todo tipo de dificuldade, física, motora, emocional, financeira e, ainda assim, atingem o sucesso; embora haja uma definição de sucesso para cada um, porque sucesso é um sentimento.

Há quem sinta que sucesso é acumular muito dinheiro, quem pense que é formar uma família e proporcionar uma vida digna, quem acredite que é ser notável na profissão que escolheu, conseguir trabalhar com o que gosta e ter tempo para se dedicar a outras áreas da vida ou ainda quem sinta que sucesso é ser celebridade.

Há alguns anos, contratei uma colaboradora que, durante a entrevista de emprego para uma de vaga de assistente, usou a expressão: "Pra chegar onde eu cheguei...". Em um primeiro momento, e equivocadamente, senti arrogância nas suas palavras e fiquei muito curiosa para saber da sua história. Uma mulher de origem humilde, que trabalhou como camelô em sua cidade natal, veio para São Paulo com suas duas filhas, conquistou sua independência, acumulou bens – como carro e casa própria – e conquistou uma vida digna. E, sabiamente, considera-se uma pessoa de sucesso.

Em detrimento da autopiedade, reavalie o que é sucesso para você e quais são os trajetos que, de fato, precisa percorrer para atingi-lo. De repente, você descobre que não se considerava uma pessoa de sucesso porque estava medindo seu sucesso com a régua de outra pessoa, ou vai constatar que realmente não conseguiu chegar lá, ainda. Nesse caso, avalie o que é preciso para conseguir atingir seu objetivo, o que precisa aprender e desenvolver, e defina as metas e os prazos para cada uma; ou, ainda, mude o plano, seja realista ao considerar quanto tempo passou, os recursos necessários. Enfim, o importante é apreciar o percurso a maior parte do tempo.

Sua definição de sucesso deve estar intimamente ligada aos SEUS valores. O sentimento de fracasso pode estar relacionado à comparação que você faz da sua vida com a de outra pessoa, e não a uma análise íntima e profunda do que planejou para si mesmo e o resultado obtido.

As redes sociais contribuem muito para esse sentimento, pois ninguém posta a viagem que deu errado, a comida ruim, a espinha no rosto ou o carro velho. Como só as coisas boas são exibidas, fica a sensação de que, para o outro, tudo dá certo, que a viagem é mais legal, que a comida é mais gostosa e que a vida é perfeita. Essa comparação nada saudável desvia o olhar que deveria se manter focado no que realmente importa, que é saber quais são nossos valores, em que lugar queremos chegar, o que é preciso aprender e que habilidades desenvolver para conquistar.

Também é importante saber que seu foco não deve ser em TER, mas em SER. Na nossa sociedade, bens e consumo são ensinados como padrão de vida feliz, e não se deve negar que, realmente, trazem felicidade. Só não podemos adotar a busca por TER como a principal razão na nossa existência. SER é que nos trará condições de TER.

TER é relativo, tem prazo de validade e pode nos ser tomado a qualquer tempo por situações ou pessoas. Enquanto SER é duradouro e consistente, nenhuma situação ou pessoa pode tomar seus conhecimentos, seu caráter ou sabedoria. Para TER é preciso SER. TER é consequência da pessoa e do profissional que você se torna, porque o trabalho devolve!

NA PRÁTICA

Para que o bumerangue retorne às mãos do lançador, precisa ser lançado na vertical, girando rápido e com o eixo para trás. Se o vento estiver muito forte, é preciso incliná-lo. Os destros devem incliná-lo para a direita e os canhotos para a esquerda. O bumerangue faz a curva graças ao efeito giroscópico – o mesmo que atua na roda de uma moto em alta velocidade. Enquanto ele gira, a tendência do eixo é manter o equilíbrio vertical. Porém, ao girar inclinado, ele acaba fazendo a curva, como um piloto que inclina a moto para virar à direita.

É verdade que a maneira como conduzimos nossas vidas e nossas carreiras não é baseada nas leis da física ou qualquer outro tipo de métrica ou lógica.

Mas podemos afirmar que, embora sejamos únicos e com conceitos diferentes de sucesso, é possível encontrar um modelo de atuação profissional eficiente, dentro do nosso microuniverso e de acordo com nossas características pessoais, aptidões, ambiente, cultura, tipo de empresa, enfim, considerando os fatores internos e externos.

A analogia entre o efeito bumerangue e a condução de nossas carreiras serve para mostrar que assim como precisamos lançar o objeto de forma racional e planejada para que ele retorne às nossas mãos, também devemos conduzir nossas carreiras de forma consciente para que o trabalho nos devolva o sucesso.

Trabalhar incansavelmente sem objetivos definidos, sem metas claras, sem estratégia, sem colocar intenção nas nossas ações, sem desenvolver um modelo de atuação ou sem planejamento trará a sensação de ter trabalhado em vão ou, ainda, de que não somos merecedores do sucesso.

Embora nada possa garantir o sucesso de uma carreira, não há dúvidas de que as chances são muito maiores quando adequamos nossos esforços aos nossos objetivos de forma consciente e intencional.

8. CONECTANDO OS CONCEITOS

A maior necessidade de uma pequena ou média empresa é a profissionalização do negócio, mesmo que isso não seja consciente ou verbalizado.

Se você chegou até aqui, há grandes chances de estar fora das estatísticas que mostram que uma em cada cinco pessoas é uma procrastinadora crônica, conforme artigo da escritora Heather Murphy no *The New York Times*. Segundo ela, um procrastinador crônico não somente adia uma tarefa, como coloca vários setores de sua vida em constante indefinição. Espero, realmente, que não seja seu caso, pois há muitas pessoas talentosas, com grande potencial de desenvolvimento profissional, que consomem conteúdos relevantes, porém procrastinam a prática, adiando, cada dia mais, suas chances de progressão de carreira.

Essa atitude, praticada por vários profissionais, pode ser boa ou ruim, dependendo do ponto de referência. Ruim porque, particularmente, acredito que quanto mais pessoas qualificadas e preparadas ao nosso redor, maiores as chances de construirmos e mantermos um ambiente de alta performance onde todos ganham. Além da satisfação de acompanhar, torcer e colaborar com o desenvolvimento de outras pessoas, e elas com o meu, espalhando a mentalidade de abundância, pois melhor do que chegar lá é chegar junto. E bom porque a falta de concorrência facilitou minha jornada e facilitará a de outras Moscas Brancas.

Procrastinar não é uma questão só de gestão do tempo, mas, principalmente, de gestão da emoção. É um comportamento que merece atenção, e em alguns casos, tratamento, já que é um fator que pode travar a evolução pessoal e profissional.

Existe uma lógica por trás da crença de que praticar os comportamentos, habilidades e atitudes de um colaborador Mosca Branca pode, de fato, agregar credibilidade, além do desenvolvimento profissional e como consequência, o financeiro, que é a quantidade de profissionais que não buscam se qualificar, não consomem conteúdos sobre sua área de atuação, ou quando o fazem, não colocam o aprendizado em prática. E, ao mesmo tempo, há uma infinidade de pequenas e médias empresas, carentes de profissionais acima da média que estejam dispostos a serem mais do que um colaborador que entrega sua demanda, mas empreendedores corporativos.

O que sempre pode acontecer, em qualquer tipo de estrutura e com qualquer profissional, é um desalinhamento de expectativas e/ou de tempo. O profissional e a empresa podem estar em momentos diferentes no que diz respeito à velocidade de desenvolvimento.

O próximo passo, após absorver os comportamentos, habilidades e atitudes, que contribuem para o desenvolvimento e crescimento da carreira, é definir estratégias para aplicar essas novas perspectivas de maneira eficaz.

Essas estratégias devem estar alinhadas com a função de cada profissional, que deve identificar e cavar oportunidades de executá-las. Ou seja, enquanto assistente, por exemplo, se já desempenhou a função em empresas mais profissionalizadas, é possível sugerir novos controles, outras formas de operacionalização, customizações em sistemas, tipos de análises, enfim, o importante é demonstrar interesse genuíno no desenvolvimento do negócio, de preferência gerenciando o próprio chefe e contribuindo com a demanda dele.

Já se ocupa cargos de liderança, como supervisor, encarregado ou gerente, pode reforçar seu crescimento horizontal, sugerindo e colaborando com o processo de desenvolvimento da profissionalização do negócio, porém em outro nível, apresentando projetos mais desenvolvidos com análises de viabilidade, prazo de retorno do investimento etc. Não são apenas os membros de equipes administrativas que podem dar esse tipo de contribuição. Líderes de setores, como manutenção, qualidade ou logística, por exemplo, podem enriquecer os processos e os fluxos de trabalho dos departamentos, sugerindo e apresentando projetos de profissionalização, cada qual no seu lugar de fala.

A maior necessidade de uma pequena ou média empresa é a profissionalização do negócio, mesmo que isso não seja consciente ou verbalizado. Faço essa afirmação com tranquilidade porque nem as grandes corporações têm processos eficientes em todos os departamentos, nem pessoas preparadas para desenvolvê-los ou garantir aplicação, atualização e a continuidade. Sobretudo nos departamentos que não atuam no *core* do negócio, os investimentos em processos e em sistemas não demandam muita atenção, logo, não são muito eficientes. Se os grandes, que possuem tantas pessoas e recursos para gerir pequenos blocos, pecam na profissionalização, imagine os pequenos e médios negócios.

É interessante como é invertido o processo em estruturas distintas. Enquanto colaboradores de grandes empresas são orientados a seguir as regras do jogo, que já estão previamente definidas e organizadas por processos, os colaboradores das pequenas e médias empresas têm a oportunidade de participar do processo de profissionalização e ajudar a criar as regras e estratégias. A dinâmica é diferente, uma vez que, há a oportunidade de apresentar projetos, os benefícios que ele pode gerar, como deve ser operado e o que é preciso para colocá-lo em prática, gerando credibilidade.

O colaborador que quer, realmente, contribuir para a profissionalização do negócio, vai dar muitos tiros no próprio pé, e, frequentemente, agregar mais demandas para si mesmo e sua equipe, porém essa será uma poderosa estratégia para se tornar um dos pilares do negócio e ser reconhecido por isso.

Essa experiência é enriquecedora para qualquer colaborador, pois amplia a visão do todo, permite apropriar-se do negócio, participar da construção e, ainda, é uma grande oportunidade de mostrar seus conhecimentos, além de fortalecer seu currículo.

Para entregar as demandas para as quais foi contratado, com qualidade e agilidade, todo colaborador já é remunerado, conforme combinado na contratação. Não dá para fazer só isso e esperar um resultado diferente. Para isso, é preciso ir além. Grandes retornos se obtêm a partir de grandes investimentos.

Se você acha que já tem as competências e as habilidades técnicas para exercer sua função no tipo de estrutura que trabalha e se considera autoridade no seu lugar de fala, e, além disso, foca sua mentalidade na abundância a maior parte do tempo, estimula sua criatividade para resolver problemas, procura aplicar o conceito ganha-ganha em suas negociações, trabalha arduamente na construção de uma equipe de alta performance, estimula a flexibilidade cognitiva tentando pensar além do óbvio, preocupa-se em se manter atualizado sobre o setor e em aprender coisas novas, você, certamente, entende que precisa parecer ser tudo o que você é e aplica esse conceito, é uma pessoa confiante, tem consciência de que, em alguns momentos da vida, o desequilíbrio é ganho. Como se tudo isso não bastasse, construiu relacionamentos saudáveis com os donos da empresa, é sensível na percepção e trabalha essa habilidade para gerar credibilidade, colaborou para a profissionalização da empresa, ajudando a construir a estrutura e a cultura organizacional. E, ainda assim, com tanta retidão, o reconhecimento profissional e financeiro não aconteceu, querida mosca, saia voando daí.

Entretanto, antes disso, convido-o a refletir se está analisando bem sua própria performance ou trajetória, inclusive porque, muito provavelmente, antes da metade desse caminho, uma Mosca Branca já teria percebido que não encontrou sua Ítaca.

9. AS EXPECTATIVAS DOS TOMADORES DE DECISÃO

Caito Maia
Adilson Velasco
Lígia B. Costa
Carlos Busch
Bruno Igel
Leandro Tanaka
Ricardo Tunchel
Thiago Nigro

Este livro foi baseado, principalmente, em minhas próprias experiências, nas experiências das pessoas das minhas relações, observação do mercado de trabalho e muita leitura. E se você acredita que se trata de um universo muito restrito para tomar decisões profissionais ou adotar novos comportamentos e atitudes que podem ser decisivos na sua carreira, saiba que você não está só. Eu compartilho da mesma opinião. E, por isso, conversei com alguns empresários e CEO's, pessoas tomadoras de decisão sobre o futuro profissional de vários colaboradores, para procurar sincronicidade entre nossas crenças.

Afinal, o que eles esperam de suas equipes? Quais comportamentos eles valorizam? O que é preciso para seus colaboradores crescerem profissionalmente? As habilidades comportamentais são realmente tão importantes? O céu é mesmo o limite para colaboradores Moscas Brancas?

Ninguém melhor que Caito Maia (fundador e CEO da Chilli Beans), Adilson Velasco (empresário, investidor e meu sócio), Lígia Costa (CEO da Liz Lingerie), Carlos Busch (empresário e escritor), Bruno Igel (CEO da Wise), Leandro Tanaka (empresário e sócio do Grupo Clean), Ricardo Tunchel (empreendedor, empresário do mercado financeiro, escritor e palestrante) e Thiago Nigro (fundador e CEO do Grupo Primo) para ajudá-los a concluir, se há, realmente, sincronicidade entre vossos anseios como gestores e esta obra.

CAITO MAIA

"Todo mundo é uma Mosca Branca, todo mundo tem seu valor, sua atitude, sua personalidade, suas forças e fraquezas."

Caito é fundador e CEO da Chilli Beans, marca que dispensa apresentações. A Chilli Beans nasceu em 1997 no mesmo lugar onde comecei meu negócio de *lingerie,* o Mercado Mundo Mix, que era uma feira de produtos alternativos. Quando eu estava chegando, ele já estava de saída, alçando voos muito maiores.

A história da Chilli Beans é muito inspiradora tanto para colaboradores como para os empresários. É a maior marca de óculos da América Latina, com aproximadamente mil pontos de venda em cerca de vinte países.

Seu nome foi o primeiro que me veio à mente, quando pensei em entrevistar empresários para este livro. Não somente por ser um superempreendedor, mas também por ter uma atitude que demonstra o quanto ele é merecedor de estar onde está.

Em 2012, a Chilli Beans vendeu cerca de 30% de seu negócio para um grupo investidor. E R$ 19 milhões da venda foram divididos entre colaboradores que o ajudaram a construir a marca.

Nós precisamos saber o que esses colaboradores tinham de tão especial, o que eles fizeram, quais atitudes e comportamentos eles praticaram e, principalmente, se eram empreendedores dentro do seu negócio.

Sem dúvidas, eles eram intraempreendedores, porque isso é essencial dentro da Chilli Beans, faz parte do 'corpo humano' no nosso negócio. E esse dinheiro foi dividido com as pessoas que acreditaram no meu sonho e colaboraram para que ele virasse realidade, inclusive com pessoas que já não estavam na empresa, mas que foram empreendedoras e essenciais para o negócio acontecer.

Neste livro, abordei, insistentemente, a aplicação de técnicas como ferramenta para se destacar na organização, com o intuito de mostrar que não precisamos nascer com um dom ou que podemos superar o dom de pessoas que não se esforçam. O que você considera mais importante entre talento, esforço e disciplina?

Disciplina! A pessoa pode ter 0% de talento, mas com 100% de disciplina ela consegue o quiser. E quem tem 100% de talento e 0% disciplina não vai nem até a esquina.

O que é um colaborador Mosca Branca?

Em primeiro lugar, todo mundo é uma Mosca Branca, todo mundo tem seu valor, sua atitude, sua personalidade, suas forças e fraquezas. Ao pensar nisso, eu não sei se Deus só coloca Moscas Brancas na minha vida, mas eu sou rodeado delas. Cabe a nós saber extrair o melhor das pessoas. E coisas como educação, valores e humildade são determinantes para eu investir em uma pessoa. Embora todo mundo tenha seu talento, seu valor, nós não conseguimos mudar a essência das pessoas. Aqui, na Chilli Beans, não funciona não ser empreendedor, não ser humilde ou não ter a mentalidade de construir junto.

Com a intenção de fortalecer a maturidade profissional dos leitores, e a minha própria, eu gostaria de saber se hoje, no patamar em que se encontra, você pode se dar ao luxo de fazer apenas aquilo que gosta?

Esse é um assunto delicado, mas é uma pergunta incrível. Como um empresário ou CEO, temos a obrigação de transitar por toda a empresa, e tem coisas que gostamos mais e outras menos. As coisas que gosto mais, eu me envolvo mais; para as coisas que eu gosto menos, eu tenho meu time. Mas também faz parte da disciplina de um gestor transformar aquilo que não gosta em algo agradável no dia a dia, pois os gestores têm a obrigação de participar. Números, planilhas e toda frieza do financeiro, para mim que sou músico, artista, é muito distante da minha vida, mas eu tenho a obrigação de me envolver. Qualquer profissional, seja empresário ou colaborador, não encontra apenas prazer e felicidade na sua jornada. O talento e esforço não devem ser usados apenas nas tarefas com que nos identificamos.

Sua equipe te gerencia?
O tempo todo. E faz parte, humildemente falando, como profissional, admitir que temos deficiências em certos temas. E ter pessoas que me ensinam, que me valorizam, que me mostram e me abrem a cabeça é muito bom. Sabe aquelas pessoas que tudo viram, tudo sabem, tudo conhecem, mesmo que não conheçam? Isso é muito chato.

Ter a formação, a vontade e as informações complementares ao seu chefe, além de ajudá-lo com suas deficiências ou falta de tempo, pode ser meio caminho andado para ser visto como um colaborador essencial.

Qual o seu conselho para profissionais que possuem espírito empreendedor?
Em primeiro lugar, toda essa moda do empreendedorismo – em que todo mundo deve ser empresário e, se não consegue tocar uma empresa, não se sente valorizado – tem que ser desmistificada. Como você bem colocou, se dedicar em uma empresa não é dar o sangue por algo que não é seu, mas por sua carreira, por você mesmo. Então, dentro de uma empresa ou no comando dela, saia da caixa, não se acomode, busque

sempre algo interessante, talvez outras pessoas não estejam vendo o que você está vendo. Não se conforme facilmente. Eu sou um inconformado com as coisas, e vejo que a equipe e as pessoas das nossas relações gostam disso, eles dizem que nós os tiramos da zona de conforto porque não aceitamos menos que o melhor. E busque empresas que te permitam se posicionar, que te permitam opinar, isso é muito saudável. Quantos profissionais não se tornaram muito melhores, quando deram a eles voz e responsabilidades? Ou seja, saia da célula, opere, entregue mais do que você deve. E ainda há muitas coisas a serem desbravadas, procure inovar na sua área, faça diferente.

Como podem ver, Caito não aconselhou a fazer uma faculdade, estudar finanças, aprender línguas, investir em cursos ou a desenvolver qualquer tipo de competência técnica. Embora tudo isso seja importante, percebam que o que chama a atenção de um empresário são as competências comportamentais. Eles vão, sim, te contratar pelas suas qualificações, mas seu desenvolvimento e crescimento dependerão, principalmente, do desenvolvimento das suas competências comportamentais. E ser empreendedor apoia todas as outras.

ADILSON VELASCO

"Os anjos estão vivos".

Adilson é empresário e empreendedor no setor de resinas plásticas recicladas nas empresas Clean Bottle e Bellatrix e é meu sócio na Opera AZ Serviços Administrativos e Financeiros. E, de certa forma, coautor, pelo menos nos últimos onze anos, da minha história profissional e, consequentemente, deste livro. Também é a pessoa que me fez acreditar na força do empreendedorismo corporativo como ferramenta de progressão profissional.

O que espera de sua equipe?
Eu sempre fui um prestador da minha equipe, minha administração sempre foi focada nas pessoas. Sempre olhei mais para o cumprimento de responsabilidades do que para o cumprimento de horário ou de regras rígidas. Gosto de deixar as pessoas à vontade para cumprirem suas tarefas. Isso as torna mais criativas e felizes.

Eu espero de meus colaboradores que tragam inovação e melhorias no processo. Estou sempre disposto a ouvir uma opinião contrária à minha, escuto com atenção. Às vezes, acato; às vezes, não, mas o importante é que se sintam à vontade para falar, se expressar e colaborar com o desenvolvimento do negócio.

As pessoas não devem ter medo de se posicionarem. Percebo que a maioria dos empresários prefere os colaboradores eficazes aos eficientes.

É mais fácil encontrar pessoas que seguem um processo que funciona e o desempenham com eficiência. Mas não é tão simples encontrar pessoas que criam ou sugerem mudanças nos processos, que sejam mais eficazes.

Qual o principal comportamento de um colaborador Mosca Branca?
A dor de dono é uma característica que diz muita coisa sobre o colaborador, pois é o tipo de pessoa que está sempre pensando no melhor para a empresa, não importa o que seja, desde a economia de suprimentos até o melhor processo produtivo. Isso tranquiliza o empresário, que deve estar atento a várias frentes. Saber que tem pessoas cuidando do negócio como se fossem delas alivia nossa carga. Não dá para ignorar esse comportamento.

Acredito que muitos profissionais, assim como já senti um dia, se sentem receosos em demonstrar sua "dor de dono", devido ao impacto que isso pode causar, sobretudo, em uma empresa familiar. Já se sentiu desconfortável ao ouvir expressões como "meus clientes, meus fornecedores, minha equipe ou minha empresa"?
Isso me dá, na verdade, muito orgulho e sensação de missão cumprida. Em nenhum momento me incomoda. A empresa é, de fato, de todo mundo que faz parte dela. E perceber que enxergam dessa forma me deixa muito feliz.

Você é uma pessoa de mentalidade abundante. Como lida com colaboradores focados na escassez, que têm medo de dividir conhecimento, por exemplo?
Um profissional deve trazer toda sua experiência para dentro da empresa, não só sua experiência profissional, mas também sua experiência de vida. E compartilhar essa experiência com os colegas, dar e receber cada vez mais. É enriquecedor para ele próprio, para a empresa e para a equipe. Toda a experiência que eu tive na odontologia, por exemplo, eu aplico e dissemino nos negócios que faço parte. Todos devemos colocar nosso repertório à disposição, posso ser um especialista em finanças e reparar em algo errado na relação comercial. Quando isso acontece, a pessoa deve falar, trazer ideias, expor sua opinião.

A interdisciplinaridade é uma característica importante para quem quer fazer carreira em empresas de pequeno e médio porte?
Em empresas como a nossa, de médio porte, as equipes são enxutas; então, é muito importante que se desenvolva a interdisciplinaridade. E isso também é muito bom para o próprio colaborador, porque aumenta seu raio de atuação. Além disso, a pessoa que demonstra conhecimentos variados desperta nossa credibilidade e confiabilidade.

Até onde você pode chegar para reter um talento importante para os seus negócios?
Eu sempre penso em dividir para multiplicar. Se a pessoa é tão parte do negócio, se ela pega para ela as dores da empresa em um grau acima da média, se sente os ônus da empresa como se fossem os próprios, a empresa também tem que dividir os bônus com ela. Isso pode acontecer de várias maneiras, dependendo da situação da empresa ou do momento. Mas não há um limite rígido, o valor intangível é sempre maior que o valor tangível, e estou disposto a dividir para multiplicar. E para reter talentos importantes, o céu é o limite.

Qual seu conselho para quem quer ascender profissionalmente, empreendendo em uma empresa?
As pessoas não devem ter medo de entregar todo seu conhecimento, com medo de perder. Ela só vai ganhar, porque sempre tem alguém olhando. Os anjos estão vivos e, quando você entrega, tudo volta para você. Entregue e confie!

É por depoimentos como esse que me indigno com aqueles que colocam todos os empresários na mesma página. Que se apegam à cultura de que, por natureza, todos são pessoas egoístas e mesquinhas, assim como todos os colaboradores são pobres injustiçados. Nós não temos agência ou controle sobre todas as coisas, mas sempre teremos nosso poder de escolha.

LÍGIA B. COSTA

"Sempre que você colocar o olhar no desenvolvimento do outro, impactando a vida das pessoas, o universo vai te devolver algo muito bom, como em uma cadeia construtiva."

Lígia é CEO da Liz Lingerie e uma verdadeira Mosca Branca. Altamente empreendedora, dessas que não medem esforços para realizar. Tem uma história inspiradora, que faço questão de compartilhar.

Como foi o início de sua carreira? Você já sabia que queria ser uma CEO?
Eu estudei Letras, Pedagogia, Tradução e Interpretação com o objetivo de empreender em uma escola de idiomas. E comecei a trabalhar em uma confecção de *lingerie,* na área de exportação, por conta da minha habilidade com outros idiomas. Nessa confecção, conheci a área de desenvolvimento de produto, e meus planos mudaram completamente. Como a área de criação tinha muita ligação com viagens e explorar coisas novas, apaixonei-me pelo setor. Senti que nessa função eu poderia fazer diferença na vida de muitas pessoas, não só criando peças que as pessoas quisessem usar, como também ajudando a gerar emprego e renda para muitas mulheres. Também percebi que trabalhando em uma empresa, me envolvendo com *stakeholders* de grande relevância no mercado, meu desafio intelectual seria maior do que abrindo meu próprio negócio. Além de acompanhar amigos e pessoas da minha relação empreendendo em seus próprios negócios, suprimidos em demandas mais

"braçais" que intelectuais, decidi por me dedicar à carreira corporativa, empreendendo, ainda que sem me dar conta.

De maneira intuitiva, sem conhecer o conceito do empreendedorismo corporativo, que não era debatido na época, adotava essa prática no desenvolvimento da minha carreira. Sem planejar em longo prazo meu futuro profissional, focada no passo seguinte. Olhando para trás, consigo enxergar os comportamentos e atitudes que, de fato, fizeram diferença.

Você sentiu a necessidade de se tornar interdisciplinar para assumir o cargo mais alto de uma organização?

Aconteceu de forma orgânica, à medida que a necessidade surgia, a vontade de fazer cada vez melhor e totalmente focada no desenvolvimento do negócio me qualificava cada vez mais.

Percebendo que o que saia da sala de desenvolvimento de produto, percorreria um grande caminho até chegar às mãos da consumidora, como o processo de produção, logística, marketing, comercial etc. Ainda como desenvolvedora de produto, sentia que era necessário me envolver em toda essa cadeia, para assegurar que o produto chegasse às consumidoras, tal qual foi criado. Até modelagem, corte e costura eu aprendi. Estudei moda e estilo em Paris e optei por um nicho da moda, a *lingerie* feminina, para me tornar referência.

Nada disso teria acontecido se você tivesse se agarrado a um modelo de sucesso profissional, se não tivesse se dado a oportunidade de experimentar algo novo ou se não tivesse avaliado as possibilidades, pois, embora você acredite que não fez nada muito planejado, você escolheu um caminho, observando e avaliando, não é? E como você foi parar na Liz Lingerie?

Exatamente. Eu aceitei o desafio de trabalhar na Liz, que, até então, era uma marca de meias-calças, para desenvolver não só um produto, mas principalmente um mercado de *lingerie clean*, minimalista e confortável. Enxerguei a oportunidade de começar algo do zero e crescer com o negócio.

Eu tinha tanta vontade de realização, que aceitei um *downgrade* em minha remuneração e trabalhei, inicialmente, sem as condições estruturais às quais estava acostumada, como um espaço adequado para o desenvolvimento de produto e equipe qualificada, sujeitando-me a realizar tarefas que não seriam as minhas, como fazer moldes, cortar, costurar e até provar os modelos. Como o diretor que me contratou, no início, estava viajando, e eu não sabia ainda a quem recorrer, custeava o desenvolvimento das peças-piloto, para que o projeto não parasse. Totalmente focada na realização. Eu pensava:

"Se aceitei estar aqui, eu preciso desenvolver um bom trabalho, não vou ficar mesquinhando combustível, pedágio, ou o que quer que seja, em detrimento da realização."

Minha verdadeira motivação era a oportunidade de colocar em prática todo o aprendizado acumulado. Ao ser questionada sobre qual seria meu cargo para o registro, a resposta foi: "coloca qualquer um".

Eu vejo tanta sincronicidade em tudo o que escrevi neste livro, nestas poucas palavras consigo identificar o senso de realização, a interdisciplinaridade, a dor de dono, o inconformismo positivo e o alinhamento com a cultura da empresa, no sentido da realização.

Realmente, eu era inconformada... Houve um momento em que comecei a me envolver no departamento de marketing e era desmotivada pelo restante da equipe, pois se acreditava que não era um departamento acessível, que não seria boa escolha trabalhar lá. Mas eu me recusei a absorver essa cultura e me tornei gerente desse departamento em cerca de um ano.

Quando você está dentro de uma empresa, tem que sair do papel de vítima do funcionário, quando você se coloca em um lugar de se sentir apenas um colaborador, não vai construir uma carreira, vai somente trabalhar.

E você assumia o papel de gerenciar seu chefe?

Eu sempre acreditei que precisava ser transparente, verdadeira, puxar pelo sucesso do negócio, e, não, agradar o dono. Nos momentos estressantes com o diretor da empresa, eu me posicionava de maneira assertiva, expondo minha característica contestadora, porém focada no bem do negócio. Eu dizia coisas que ninguém mais dizia, com todo respeito, mas dizia: "se você acha que vou concordar com você o tempo todo ou puxar seu saco para ficar bem com você, saiba que essa não sou eu. Estou disposta a discutir pelo bem do negócio.

Nunca perdi a consciência da minha posição de colaboradora, mas batalhei o tempo todo pelo bem comum, ou seja, pela empresa, pelo chefe, pela equipe e por mim mesma. Lembro-me de situações em que se estabelecia um impasse em algum tema com o dono da empresa, e eu brincava com ele, deixando por escrito minha discordância: "declaro que farei a contragosto, por uma ordem imposta. Não concordo, mas farei."

Ainda que eu tenha trabalhado com um empresário que contribuía com meu desenvolvimento, tenho consciência de que atitudes empreendedoras como essa nem sempre são possíveis. Existem chefes e chefes, aqueles que permitem nosso desenvolvimento e os que não permitem. Eles têm o poder da "canetada", mas nenhum colaborador deve se colocar na posição de vítima diante disso, porque temos nosso poder de escolha de permanecer, ou não, ali.

"Não podemos ter medo daquilo que acreditamos. Pois os colaboradores têm o poder de escolher não fazer parte de uma organização sem identificação de propósitos ou cultura."

Então, assim como o empresário, um colaborador também deve se arriscar em um negócio em busca do sucesso?

Sem dúvida. Assim como o empresário toma o risco, um colaborador que deseja construir uma carreira também toma o risco.

E eu fui fundo nisso. Minha primeira coleção gerou dúvidas ao restante da equipe, e a diretoria questionou o lançamento. Como contrapartida, ofereci minha própria cabeça, caso a coleção fracassasse.

Quanto mais credibilidade construímos, mais responsabilidades nos são atribuídas. E o ciclo se renova à medida que evoluímos na organização.

Parecer ser é tão importante quanto ser?

Vivi alguns desafios por ser mulher. Enquanto estava envolvida na área de estilo, era mais bem aceita porque era entendido como "um ambiente mais feminino". Conforme fui me envolvendo em outras áreas e na gestão, senti a necessidade de adotar um comportamento diferente, para parecer ser o que eu já era. Para ser aceita em um universo mais masculino, passei a usar ternos, sapatos fechados, menos maquiagem, enfim, driblar minha condição feminina para executar meu trabalho.

Para você, quais são os comportamentos, habilidades e atitudes de um colaborador Mosca Branca?

Há uma frase atribuída a Peter Drucker, que diz: "As pessoas são contratadas pelas habilidades técnicas e demitidas pelo comportamento."

A capacidade técnica de um colaborador, como um design gráfico, por exemplo, é aprovada pelo seu líder direto, eu não tenho essa capacidade de avaliar o quão bom ele é. O que eu olho muito é a atitude. Pessoas que estão sempre procurando contribuir mais, com proatividade, envolvimento com o negócio, curiosidade, senso de dono e amor pela marca.

CARLOS BUSCH

"Qualquer pessoa que queira se destacar profissionalmente deve entregar mais do que se espera e servir sempre."

Busch dedicou 27 anos de sua carreira ao mercado corporativo, trabalhou em grandes corporações, como Oracle e Salesforce Latin America, onde atuou como vice-presidente. E só depois de acumular toda essa experiência, resolveu empreender. Hoje é sócio do Grupo Primo, onde divide seus conhecimentos sobre gestão.

Quais comportamentos você esperava, como CEO da sua equipe?
Um dos grandes erros das empresas é não comunicar o que elas esperam de seus colaboradores, comunicam apenas os requisitos que elas julgam para contratar, mas não dizem claramente para as pessoas o que é esperado delas.

As pessoas que deixaram de trabalhar comigo foi pela performance indireta e não pela performance direta, ou seja, compromisso, engajamento, confiança. Quero trabalhar com quem está comigo, com o olho na bola, como costumo dizer.

Muita gente perde oportunidades por confundir a ordem de prioridades. Por achar que o cargo ou o poder é que são importantes, esquecendo que, no final do dia, o que te mantém ali são as relações pessoais, a confiança que depositam em você, o entendimento de que performance é inegociável. Para mim, quem perde essa essência está fora.

E as empresas erram em não comunicar que tudo isso é importante, por mais que pareça óbvio.

E você sempre foi bom nas habilidades comportamentais?
Não. Aos 21 anos eu já gerenciava pessoas, mas não tinha *soft skills* de liderança. Como eu era um exemplo ético de profissionalismo, dedicação, de defender os valores da empresa, mesmo eu tendo comportamento equivocado em gestão, ficava claro que meus erros eram por inabilidades comportamentais, e não por falta de compromisso. Isso me credenciou a receber a chance dada pela empresa de melhorar. Mas, sem dúvida, tive que batalhar para suprir essa deficiência.

Eu exigia das pessoas o que elas não podiam entregar. Com o tempo, fui aprendendo que não podia cobrar de todo mundo as mesmas coisas, aprendi que cada um pode contribuir de uma maneira diferente, desde que esteja engajado no projeto.

O que você acha da ideia de começar a jornada empreendedora como um empreendedor corporativo?
Eu sempre fui um intraempreendedor e só empreendi no meu CNPJ depois de 27 anos de mercado. Mas sempre pensei com a cabeça de dono, trazia ideias, propunha coisas novas.

Quando fui contratado pela Oracle, por exemplo, como diretor, a primeira viagem eu paguei do próprio bolso e recebi muitas críticas, fui chamado de maluco. Mas, na minha cabeça, não fazia sentido travar uma operação por conta de uma burocracia, que é comum quando se ingressa em uma empresa. E fazendo isso eu tive condição de chegar um pouco antes do compromisso, pude conhecer as pessoas antes do evento, me preparar melhor e, consequentemente, pude desempenhar melhor o meu trabalho. Eu estava sendo um intraempreendedor, mas de forma totalmente natural, não tinha uma intenção, só não conseguia entender de outra forma.

Talvez eu tenha perdido dinheiro algumas vezes por agir assim? Pode ser, mas, certamente, o resultado também veio por conta disso.

O que um colaborador precisa ter para você querer investir nele?
Vontade de transformação! Quando percebo que ele entende que o trabalho é a plataforma que vai fazê-lo mudar de vida. E, com isso, não quero dizer que a pessoa tem que sair de pobre para rico, mas querer sair do ponto A para o ponto B e escolher o trabalho como a forma para conseguir isso. Quando a pessoa acredita nisso, ela tem muito mais resiliência e desejo de realização. E, para muitas pessoas, eu percebo que tanto faz. Fazem o seu trabalho direitinho e é isso aí. Tudo bem, elas servem também para algumas atividades, mas, certamente, não será a pessoa em que vamos investir na progressão da sua carreira. E a única coisa que vale é a atitude, não adianta ter o discurso que quer crescer e se desenvolver, se não tiver a atitude e vontade real de realização.

Qual é o "pulo do gato" para ascender profissionalmente?
Entregar mais do que se espera! Qualquer pessoa que queira se destacar profissionalmente deve entregar mais do que se espera e servir sempre. As pessoas devem olhar para você e te ver como alguém que inspira, que agrega, que está sempre ajudando, que compartilha o que sabe. Agindo assim, não tem como você não ganhar oportunidade. Mas é claro que tem que pagar um preço antes, mas isso a gente não vê na TV nem nas redes.

Talvez um dia eu passe a ser uma pessoa muito grande na internet e, certamente, alguém dirá: "nossa! Esse cara veio do nada". Mas tenho 27 anos de história off-line.

Entre talento, esforço e disciplina, o que é mais importante?
Esforço e disciplina, sem dúvida nenhuma. É claro que se você atuar na sua área de talento e tiver esforço e disciplina, vai se sobressair, mas só por ter esforço e disciplina já se é maior que a média.

BRUNO IGEL

"É preciso ter a clareza de que não vamos acertar sempre, nem de primeira, que precisamos ser persistentes."

Depois de nove anos no mercado financeiro, em 2012, Bruno integrou a equipe da Wise, empresa nacional produtora de resinas termoplásticas, onde assumiu a presidência em 2016.

Colaborador Mosca Branca é uma "espécie em extinção"?
Pessoas dispostas a praticar atitudes empreendedoras não são raras. Evidentemente, não se trata de 70% da população, mas também não é 0,5%. Mas precisam estar numa cultura que consiga puxar isso, porque o ambiente transforma as pessoas. Tem muita gente boa, porém existe uma questão de autoestima, cultura, relação capital x trabalho, que vem de vários lugares, e em especial no Brasil, onde o colaborador não se sente à vontade para trazer uma boa ideia e enxerga o CEO como alguém a quem não se pode questionar. A última coisa que eu quero é meu time pensando que o que eu falei está falado, e não deve ser contestado.

Como se sente ao ser gerenciado por sua equipe?
Tudo o que eu e a maior parte dos gestores querem é ser questionados pela sua equipe. Nunca mandei alguém embora porque perguntou demais ou fez perguntas estúpidas, pelo contrário, nós tendemos a valorizar muito isso e estimular as pessoas para que nos questionem

ainda mais. Nenhum CEO ou empresário entende, com propriedade, de absolutamente tudo. Precisamos nos cercar de mentes empreendedoras para nos ajudar a conduzir o negócio. Tenho a necessidade de ser gerenciado por minha equipe, eu preciso dessa atitude.

Assim como nos cursos de formação, estudamos várias disciplinas que não servirão para nada, o importante é viver o processo de aprendizagem. A capacidade de lidar com diferentes informações, a capacidade de desenvolver um pensamento crítico e reflexivo ou de raciocinar. Em uma empresa, se aplica a mesma lógica, devemos desfrutar do processo de aprendizagem, raciocinando, questionando e sugerindo como parte do desenvolvimento profissional.

"O processo é enriquecedor porque nos ajuda a amadurecer."

Quais comportamentos um colaborador deve ter para você acreditar que deve investir em seu desenvolvimento?

Eu não acredito em um padrão necessário, mas reconheço que há um conjunto deles que ajuda um profissional a se destacar:

Curiosidade: as pessoas são muito pouco curiosas, muito pouco questionadoras, ou exercem pouco essas habilidades.

Querer: o querer envolve curiosidade e ambição; aliás, não tem nenhum problema as pessoas quererem ganhar dinheiro, acho nobre, mas precisam se envolver mais, querer saber mais, conhecer mais, perguntar mais.

Resiliência: também é um destaque porque saber receber uma crítica é muito importante. Muita gente espera fazer seu trabalho sem jamais ser questionado.

Persistência: é preciso ter a clareza de que nem sempre vamos acertar de primeira, que precisamos ser persistentes.

Não ter medo de errar: é claro que tem profissões em que não se pode errar, mas, de maneira geral, precisamos estar dispostos ao erro, temos que tentar coisas ou maneiras diferentes. Raríssimas vezes você vê um colaborador dispensado porque tentou fazer algo diferente. Sem errar não se cria, não se inova.

Sair da zona de conforto: disposição para encarar novos desafios é essencial para um profissional.

Transparência e honestidade: não apenas ética, mas honestidade no pensamento, transparência no trato. Quando um colaborador comete um erro, deve reportar imediatamente e não deixar a bomba estourar. É preciso expor as coisas certas e erradas que fazemos, e nunca tentar fazer a média. Fazer politicagem pode ser ofensivo porque o líder não está nessa posição à toa, ele pode ser enrolado uma vez, mas ninguém se sustenta com essa atitude.

E, ainda, estimular a própria inteligência, trabalhar duro e entender que o desequilíbrio, em alguns momentos, faz parte.

Como forma suas equipes?

Com foco na interdisciplinaridade. Ela é importante para formar equipes com personalidades e habilidades diferentes, pois uma empresa precisa de times com diversidade de pensamentos, habilidades e *expertises* para evoluir. O que é uma grande dica para um colaborador escolher os caminhos de sua própria formação, analisar o que falta na equipe da qual faz parte e buscar essa formação para contribuir ainda mais e se destacar. O que puxa o empreendedorismo corporativo é estar em um ambiente de alta performance onde a equipe nivela para cima.

"Minha expectativa é que meus colaboradores saibam muito mais do que eu, cada um na sua área. Eu espero contribuir com ele numa discussão, e não o contrário."

Qual comportamento mais te incomoda em um colaborador?

Uma atitude que me incomoda bastante é a de colaboradores que enxergam apenas em curtíssimo prazo e, por isso, não pensam em um planejamento de carreira. Trocam uma oportunidade na qual poderiam se desenvolver profissionalmente para ganhar um pouco mais ou para estar mais perto de casa, em detrimento de apostar com a empresa e colocar em prática sua capacidade empreendedora, que o levaria muito mais longe. Para quem quer construir uma carreira, essa é a pior estupidez que se pode cometer. Quando se quer realmente crescer profissionalmente, é necessário encontrar uma empresa em que haja identificação cultural, e não uma que te pague um pouco mais. Pois, em um lugar onde há identificação, se pode dobrar esse salário em pouquíssimo tempo.

Como estagiário, optei por estar perto de pessoas que eu acreditava serem boas influências profissionais, ganhando muito pouco, com o intuito de aprender. Escolher o chefe é libertador e muito importante para a formação, e meus comportamentos, até hoje, têm muita influência do chefe que tive há quinze anos.

O quanto olhamos para esse ano, cinco ou dez anos faz toda a diferença. É claro que poder olhar para daqui a dez anos é um privilégio, mas, à medida do possível, olhar o prazo mais longo que se pode é uma poderosa ferramenta de planejamento de carreira.

Você se envolve pessoalmente com sua equipe?
Não tenho regras definidas e não tenho nenhuma restrição. Quando acontece uma aproximação, é muito bem-vinda. Eu gosto de saber de onde as pessoas vieram, acho isso importante para lidar com elas no dia a dia. Às vezes, os detalhes atuais não são tão importantes quanto saber sua origem. Gostamos de conhecer a história de vida dos membros da nossa equipe para entender sua origem, como ela se formou, como chegou até nós, o quanto aquilo é o topo da sua pirâmide.

Qual é o limite para um colaborador Mosca Branca na sua empresa? Até onde ele pode chegar?
Não existe régua ou limite de progressão salarial para um colaborador surpreendentemente bom e que seja essencial para a operação. Avaliar pessoas não é nada fácil. Às vezes, a pessoa entra arrasando, surpreendendo; depois de um tempo, a gente vê que não era bem assim.

Então, precisamos ser pacientes e consistentes, não se pode pular etapas, até porque a realidade da empresa pode mudar muito rápido. Numa empresa bem estabelecida, não acredito em travas; acredito que deve haver remuneração sem teto, se possível, dar participação para algumas pessoas. Tudo isso tem que acontecer porque alinha interesses, faz os colaboradores acreditarem que isso é possível e ele pode perseguir isso porque vê esse cenário acontecendo. Tudo isso tem que acontecer num ambiente justo, e é muito difícil ser justo nisso. Também pode acontecer de você gerar uma pessoa muito satisfeita, mas muitas outras insatisfeitas. Então, tudo isso tem que acontecer de forma transparente para que todos vejam que essa pessoa performou de maneira diferenciada e, por isso, é merecedora de uma condição especial.

Empreender no próprio negócio é a única opção para os profissionais com forte veia empreendedora?

Às vezes, um cara muito bom ganha seu primeiro grande bônus aos trinta anos de idade, abre seu próprio negócio, queima tudo e passa dez anos tentando voltar ao mesmo patamar. É preciso avaliar o que mais ele tem, além do espírito empreendedor. Se quiser empreender no próprio negócio, é preciso se preparar, ter alguma retaguarda financeira. Se isso não for uma realidade, empreender em uma empresa já estabelecida é uma boa opção. Se ele for realmente um empreendedor, vai se destacar, vai ter um bom salário e terá condição de escolher como quer prosseguir. Sem a necessidade de empreender em seu negócio, como única opção.

LEANDRO TANAKA

"Costumo aconselhar meus colaboradores a crescerem não somente dentro da empresa, mas também, e principalmente, fora dela."

Leandro é empreendedor e empresário. Começou sua carreira na empresa da família, a Raposo Plásticos. Com seu irmão Adriano potencializou o negócio. Hoje a Raposo faz parte do Grupo Clean, composto por cinco empresas produtoras de resinas, em que atua como sócio e diretor.

Qual habilidade você acha mais característica de um colaborador Mosca Branca?

A identificação com a cultura organizacional. Faço questão de multiplicar a ideia de que o trabalho executado nas recicladoras não é somente um trabalho de produção de matéria-prima fabril, mas um trabalho que impacta o meio ambiente e a sociedade, porque os colaboradores precisam se identificar com o propósito da empresa como ferramenta motivacional e produtiva. Quando há essa identificação, interesse pelo desenvolvimento da empresa e de seu talento em determinada área, é preciso investir na pessoa.

Temos um talento na equipe que era um aglutinador (trabalho operacional na reciclagem). Claramente, era diferenciado e tinha amor pelo negócio. Nós o transferimos para o almoxarifado, e ele fez um ótimo trabalho. Ao mostrar habilidades para trabalhar com o sistema, foi para o faturamento. Ele sempre quis se envolver em tudo. A gente percebe que é um empreendedor ao observar como ele conduz a própria vida, como administra seu próprio dinheiro. Além disso, ele morava em outra cidade, saia da fábrica no fim da tarde, ia pra faculdade, chegava de madrugada em casa, dormia três horas por dia nesse período. Custeamos a faculdade com muito gosto. Ele merecia. Hoje, ele trabalha com a gente na administração, cuida de tudo um pouco. Já tentei inspirar outros colaboradores a estudar, alguns seguem esse caminho, outros tentaram e não levaram adiante, outros não se interessam. Não são todos que se dedicam.

Assim como um empresário, um colaborador empreendedor também vai renunciar a muitas coisas para crescer. Vai se dedicar por sua própria carreira, pela construção da sua própria história profissional.

Já se arrependeu de investir em um talento?

Nem sempre é possível reter um talento em que investimos, mesmo assim, vale muito a pena investir nas pessoas, pois quando o investimento como empresário não dá certo, ainda é possível desfrutar da satisfação pessoal de contribuir com o sucesso de alguém.

Um ex-colaborador da área de PCP, o qual investimos na sua formação técnica, recebeu uma proposta para trabalhar na área de TI de uma grande empresa. Na época, só tínhamos uma empresa, ele pediu meu conselho, e eu só poderia dizer: vai! Nós investimos nele e ele cresceu mais que a empresa. E fico feliz por isso. Hoje ele é gerente de TI dessa empresa e meu amigo. Nem sempre conseguimos reter um talento.

Costumo aconselhar meus colaboradores a crescerem não somente dentro da empresa, mas também, e principalmente, fora dela. Não adianta eu pagar um salário de R$ 20 mil e, quando ele sair daqui, ter que rebaixar para R$ 5 mil. Ninguém vai contratar porque vai ver no currículo que ele ganhava R$ 20 mil. É preciso estar preparado para ganhar o mesmo salário, ou parecido, no mercado.

De que forma o desenvolvimento dos colaboradores reverbera em benefício para a empresa e para o empresário? Por que é importante investir nas pessoas?

O desenvolvimento das pessoas é fundamental para o colaborador e para a própria empresa, além de representar liberdade para os sócios.

Eu falo para um dos meus sócios que não sai da fábrica, que ele não precisa estar lá o tempo todo; ele precisa desenvolver pessoas e controlar os processos.

Em sua opinião, qual é o pior comportamento que um colaborador pode ter?

Colaboradores que deixam de executar bem seu trabalho para não criar conflito com colegas. Tipo, deixar de questionar alguém que não está entregando o que deveria, para não se indispor. Eles prejudicam a si mesmos porque não desenvolvem os relacionamentos, a administração de conflitos, não amadurecem e prejudicam a empresa, que vai pagar essa conta.

Você tem uma política estabelecida para relacionamento com sua equipe?

Não tenho regras de relacionamento com colaboradores; quando há afinidade, podemos desenvolver uma amizade. Já sofri algumas decepções em relação a algumas pessoas, mas faz parte. Nunca vai existir um limite rígido, não acho que devemos nos fechar. O problema é que quando a gente cresce muito, a falta de tempo dificulta o cultivo de novas relações. Pois, no pouco tempo que temos, precisamos dividi-lo entre a família e os amigos mais próximos. Isso pode deixar a impressão de que não cultivamos essas relações, mas é só por falta de tempo.

RICARDO TUNCHEL

"Quando você compra o sonho de outra pessoa, esse pode virar o seu próprio sonho, além de te levar muito longe."

Ricardo Tunchel, mais conhecido como Tutu, é empreendedor e empresário do mercado financeiro, além de empreender em diferentes negócios, como rede de lanchonetes e restaurantes. É também escritor, palestrante e inspira outros empreendedores por meio de sua rede social.

Quando você descobriu que era um empreendedor?
Desde criança... Eu comecei a empreender na escola. Vendia de tudo, até pedra, literalmente. Não conseguia ver futuro trabalhando em uma empresa. Eu já usava o fruto do meu primeiro trabalho com carteira assinada, na TV Bandeirantes, como fluxo de caixa para minha primeira empresa, que somado à minha atividade noturna como garçom, fomentava o início do meu primeiro negócio, uma empresa de eventos.

Então você descobriu desde muito cedo que o desequilíbrio faria parte de sua vida de empreendedor?
Jamais me passou pela cabeça equilibrar alguma coisa no início da vida profissional. Isso é uma consequência, uma conquista. Essa não era uma questão há alguns anos. É perigoso se agarrar a isso no início da carreira, para aqueles que querem se desenvolver profissionalmente.

É possível começar a carreira depois de encontrar seu "verdadeiro propósito de vida", depois de descobrir o que se ama?

Absolutamente, não. Ou vai começar a trabalhar com trinta ou quarenta anos. Eu confesso que tenho aprendido muito com a galera mais jovem, mas acredito que também temos muito a ensinar. Começar a vida profissional dentro desse conceito romântico e perigoso de encontrar seu propósito aos dezessete anos pode paralisar o sujeito. Começa primeiro, que a resposta vem.

Como você contrata sua equipe? O que te chama atenção em um candidato?

Hoje eu contrato *soft skills*. Contrato caráter, inteligência emocional, lealdade, pessoas que assumem suas fragilidades. A primeira coisa é a análise do currículo, das competências técnicas. Depois, tem uma coisa que o tempo nos fornece, que é a capacidade de identificar esses perfis. Mas só o tempo vai nos mostrar se deu certo. Nem sempre dá, mas é o que sempre procuro.

Como é seu relacionamento com sua equipe?

Nas minhas empresas não tem *back office*, mas *side office*. Trabalhamos lado a lado, não permito que ninguém da minha companhia seja chancelado como alguém que trabalha atrás de mim. No mercado de corretoras de seguro, é cada vez mais comum um *side office* tornar-se sócio da corretora, tamanha é a importância de seu trabalho.

Qual é o limite para esse colaborador essencial para a operação? Até onde ele pode chegar?

Não existe limite. Eu sou absolutamente aberto, sendo alguém que traz crescimento e inovação, que tem competências que tragam cada vez mais resultados, certamente terá participação no negócio.

A única opção para quem tem espírito empreendedor é empreender no próprio negócio?

Definitivamente, não. Quando você compra o sonho de outra pessoa, esse pode virar o seu próprio sonho, além de te levar muito longe. Mesmo como empresário, eu faço muito isso. Recentemente, comprei o sonho da *startup* Ice Cup. João Appolinário, CEO da Polishop, tornou-se sócio dessa empresa pelo programa Shark Tank. Fui responsável por desenvolver os pontos de venda em postos de gasolina.

. Eu empreendi no negócio deles e acho isso sensacional.

Mentalidade de abundância pode ser adquirida ou se nasce com ela?

É absolutamente treinável. Qualquer pessoa pode expandir sua consciência. Por meio de princípios e propósitos, a mentalidade de abundância é treinável. É claro que algumas pessoas nascem com essa predisposição ou têm uma condição que as permite enxergar a vida com abundância desde muito cedo. Mas para os que não têm essa condição, adquirir a consciência de que isso existe e trabalhar para o seu desenvolvimento, pode mudar a sua história. Dentro de uma empresa, isso pode acontecer observando as pessoas que se desenvolveram bem dentro da companhia, quais são suas *soft skills*, seus comportamentos e atitudes, e usar isso como um modelo a ser seguido.

Talento, esforço e disciplina. Qual a ordem de importância?

Disciplina, esforço e talento são a ordem que eu acredito. Mudei muita coisa na minha vida com essa lógica. E quem adquire a disciplina de mudar os próprios hábitos, tem disciplina para qualquer coisa que quiser fazer na vida.

THIAGO NIGRO

"Empreender no próprio negócio não é para todos. Quando a gente vê pessoas atingindo o sucesso por um determinado caminho, tendemos a achar que esse é um caminho que serve para todos, mas com certeza não é."

Thiago é o idealizador do canal do YouTube "O Primo Rico", voltado à educação financeira, e que tem milhões de seguidores. É também fundador e CEO do Grupo Primo, além de escritor dos best-sellers *Do mil ao milhão* e *Sementes da liberdade*.

Se é verdade que as empresas contratam colaboradores por suas habilidades técnicas e os demitem devido a seus comportamentos, quais são esses comportamentos que resultam em demissão e que atitudes você espera de sua equipe?

Os comportamentos que levam à demissão são muito particulares, porque não existem comportamentos certos, mas existem os comportamentos errados. No nosso caso, esses comportamentos têm a ver, geralmente, com a ordem de prioridade das coisas, ou seja, o que é prioridade na vida do nosso colaborador. A cultura da nossa empresa, nosso propósito, tem que ser uma prioridade na vida do nosso colaborador. Quando abrimos mão desse alinhamento cultural, acabamos sofrendo depois, ou porque tivemos que substituir alguém ou porque foi um processo complexo, que machucou, então vemos o desalinhamento cultural como o principal comportamento.

A pessoa que não gosta de fazer o que faz, que não sente prazer, não se dedica de verdade, é uma pessoa que, geralmente, trabalha fora da sua área de talento. Algumas pessoas que performavam pouco mudaram de área e começaram a performar muito dentro da sua área de talento. As pessoas que estão fora da sua área de talento são, geralmente, muito "reclamonas", e aqui não existe espaço para pessoas que reclamam demais. Outros comportamentos, como pessoas muito críticas ou desconstrutivas, negativas, que falam por trás, também não ficam muito tempo, são tiradas ou se retiram. Elas se retiram sozinhas quando a cultura da empresa está alinhada. Quando a cultura da empresa desalinha, é quando a empresa assume maior risco, porque esse tipo de profissional não é expelido pela corporação. Quando você tem uma cultura forte e entra um novo colaborador, essa pessoa absorve a cultura, se ela não se encaixa, é expelida. Quando a empresa renuncia à cultura, essas pessoas não são expelidas; então, passa a ter muita gente no ambiente reclamando, não performando, não entendendo o propósito da empresa, o que pode gerar um grande problema.

É muito mais fácil mudar de ambiente do que mudar o ambiente. Não é que não seja possível mudar o ambiente, mas, para o colaborador, é mais eficiente migrar para um ambiente que combine com seus propósitos e valores. Mas é importante não confundir as coisas e usar isso como desculpa para "pular de galho em galho", achar que nunca está bom e que o problema é sempre os outros.

Grande parte dos empreendedores encerra as atividades antes dos cinco anos de vida; muitos deles, por falta de preparo empresarial. Empreender no negócio de terceiros é uma alternativa viável para não ter que aprender com seu próprio dinheiro, minimizando riscos e se preparando para um voo solo?

Para mim, é a melhor forma. Um dos maiores erros que as pessoas cometem é começar empreendendo sozinho. O melhor caminho é começar como colaborador em um ambiente que te permita ser um intraempreendedor para, depois, tornar-se um empreendedor. Muita gente pensa que o salário é a única coisa que entra na conta, mas, na verdade, é o salário e o aprendizado. E, em longo prazo, o que vai te fazer ganhar mais dinheiro é o aprendizado que você teve, e não o salário que recebeu, porque a fonte do poder é o conhecimento. É ele que vai te dar o poder de materializar o que está na sua cabeça. Você vai adquirir muito conhecimento empreendendo sozinho, mas se expondo mais ao risco da ruína. Empreender não é nada glamoroso.

A maneira mais construtiva é aprender dentro de uma organização, mas, por vários motivos, as pessoas não fazem isso. Seja por ego, seja por pressa. E quando se trata de ego, o risco é muito grande porque significa que o ego é uma prioridade para você, acima do resultado. E quando se faz por pressa, vai negligenciar muitos riscos, embora também se aprenda, e talvez mais rápido, a dor pode ser muito grande. E ninguém precisa sentir muita dor para aprender.

Atualmente, sobretudo nas redes sociais, há uma cultura do empreendedorismo tão forte que, se não empreendermos no nosso próprio negócio, parece que somos fracassados. Empreender (no próprio negócio) é para todos?

Realmente, há essa cultura do empreendedorismo associado ao carro de luxo, ao relógio caro, e não é nada disso. Quando você olha para uma pessoa aparentemente bem-sucedida, você não sabe o quanto ela está endividada, você sabe quanto aquele carro custa, mas não sabe quanto tempo ele vai levar pagando, isso serve para uma casa de luxo ou uma viagem que ele posta.

Empreender não é para todo mundo. Mas quando a gente vê pessoas atingindo o sucesso por um determinado caminho, tendemos a achar que esse é um caminho que serve para todos, mas com certeza não é. As pessoas que deram certo como empresários deram certo por um motivo que não necessariamente nos encaixamos. Quando fazemos esse espelhamento, podemos seguir a direção errada, vamos nos frustrar e achar que o problema é a gente mesmo, mas, na verdade, era apenas o caminho errado. É preciso entender os cenários, pois quem diz que empreender é para todos, pode estar tentando te vender alguma coisa relacionada a isso.

Uma pessoa com forte veia empreendedora, necessariamente, será um bom empresário?

Não, mas com certeza será uma pessoa muito mais motivada e mais ambiciosa, mas vai sofrer mais, vai ter mais oscilações emocionais, vai passar por mais fracassos, pois isso define a veia empreendedora.

Quando a gente olha para o empreendedor, só vê os que deram certo, porque os que deram errado não escrevem livros. Mas a maioria não atinge o sucesso.

Conheço vários empreendedores que faturaram muito dinheiro, mas não souberam reter parte disso, existem ótimos empreendedores que são péssimos com as finanças.

Também não acredito que para ter seu negócio seja necessário entender de tudo, mas precisa muito mais do que somente o espírito empreendedor. Eu mesmo sou muito bom em poucas coisas. Para as coisas que não sou bom, me cerco de pessoas melhores do que eu.

O que você diria para as pessoas que buscam ascensão profissional, mas que querem começar a carreira focando no equilíbrio entre vida pessoal e profissional?

É uma pergunta complexa porque o equilíbrio é obrigatório, mas as pessoas erram na concepção temporal do equilíbrio. Porque o equilíbrio é o fim, não o meio. Todos os grandes atletas e grandes empresários foram muito desequilibrados. É uma questão de saber o que se quer.

É natural que um empreendedor, do próprio negócio ou não, tenha uma vida mais voltada para o desequilíbrio, mas sempre buscando o equilíbrio. Tem que ir fundo para conquistar, mas sempre atento à sua saúde, porque ninguém vai ser feliz com uma vida totalmente desequilibrada.

É, também, uma questão de ambição. Quem tem menos vai achar tudo isso uma loucura. E quem tem mais vai agarrar as oportunidades e desequilibrar frequentemente, até conquistar o patamar que está buscando.

Parecer ser é tão importante quanto ser? Como ser visto como um profissional diferenciado sem "jogar confete para cima"?

É! É tão importante quanto ser. O clichê "importa como se é por dentro", embora seja parcialmente verdade, o primeiro contato é com o externo. Talvez, não se tenha a oportunidade de saber o que tem por dentro antes de ser atraído pelo que se vê por fora. No universo profissional, é a mesma coisa. Um profissional que tem problema de comunicação pode ser muito bom em várias áreas, mas se ele não souber transmitir isso, talvez eu nunca perceba o potencial dele, porque não sabe comunicar o seu potencial. Existe uma linha tênue, pois é preciso mostrar o quanto se é bom em algo, mas sem ser um *show-off*. Encontrar esse equilíbrio com o resultado que se está entregando fará o colaborador crescer. Não adianta só entregar resultado, não é só isso que conta. Profissionais com habilidade de comunicação têm muita vantagem competitiva. Nas redes sociais, vemos muito disso: pessoas com grande relevância por sua habilidade em se comunicar, e não por seus conhecimentos; e, ao mesmo tempo, pessoas com muito conhecimento, sem nenhuma audiência.

Você tem colaboradores empreendedores na sua empresa? Como seria sua vida sem eles e qual limite eles podem atingir na empresa?

Olha, outras empresas já perderam o Thiago Nigro porque ele sempre foi empreendedor, mas elas não conseguiram criar um programa de incentivo para mim. Desde então, eu trabalho para nunca perder um Thiago, porque olha o que ele foi capaz de construir. Assim, nós nos engajamos muito em criar programas de incentivo, nos quais as pessoas mais empreendedoras e com mais ambição pudessem virar nossos sócios por meio de um programa de *partnership*. Temos empreendedores aqui que, se saíssem para empreender sozinhos, com certeza teriam muito sucesso. Mas eles estão aqui porque construímos um sistema onde eles podem crescer com o negócio. Antigamente, o empreendedor não enxergava essa necessidade de reter talentos, usando programas de *partnership*. Agora que isso já é uma realidade em muitos negócios, o colaborador é que, muitas vezes, não entende o que é ser sócio. Alguns acham que ser sócio é um *glamour*, é ganhar mais dinheiro, mas, na verdade, ser sócio é renunciar a ganhar mais em curto prazo, para ganhar mais lá na frente. Na verdade, ser sócio é se ferrar no curto prazo, mas muitos acham que é somente ganhar muito mais dinheiro, ter menos risco, ficar mais seguro e confortável, quando é o exato oposto. Hoje, essa falta de compreensão vem mais do colaborador do que do empresário.

Thiago Nigro é mais um grande empresário que iniciou sua carreira como empreendedor corporativo. Hoje, conduz suas equipes com essas premissas, mostrando o quão real pode ser a progressão profissional e financeira para quem empreende no negócio de terceiros.

POSFÁCIO

> Se existe prefácio, tem que existir posfácio. O que existiu no meio, se foi de agrado do leitor, virou um bonifácio.
>
> A última mensagem de seu patrocinador: não é de se esperar que o livro todo tenha agradado. Quem concorda com tudo, do começo ao fim, deve me telefonar com urgência — eu sempre desconfiei que fosse a cara metade de um casal de gêmeos. Aos outros leitores, o recado está dado. Nem tudo que parece é, e nem sempre o que é tradicional é certo. Existem outras maneiras de encarar o mundo agitado, estressado e complexo em que vivemos.

Era o que Ricardo Semler dizia no posfácio de seu livro *Virando a própria mesa*, de 1988, o primeiro livro de negócios que li e que me fez imaginar escrever um livro um dia e copiar este posfácio, que achei genial, aos meus treze anos de idade.

Para meu recado final, guardei o melhor e mais importante aprendizado que tive nos últimos doze anos: "O homem é o lobo do homem".

Essa frase é atribuída a Thomas Hobbes (1588-1679), autor de *Leviatã*, mas a ouvi, pela primeira vez, do meu sócio, parceiro e amigo Adilson Velasco.

Ele interpreta essa frase assim:

> Existem dois lobos dentro de cada um de nós, o lobo bom e lobo mau, que lutam diariamente para dominar nossa mente.

No lobo mau, estão a raiva, a inveja, o medo, o ciúme, a autopiedade, a culpa, a inferioridade, a fragilidade, a insegurança, a tristeza e a arrogância. No lobo bom, estão o amor, a esperança, a serenidade, a empatia, a mentalidade abundante, a generosidade, a coragem e o perdão. Quem ganhará essa luta será o lobo que alimentarmos, pois o homem é o grande responsável por destruir os próprios sonhos, por criar e temer seus próprios monstros e por evitar tudo isso.

Alimente seu lobo bom, fortalecendo suas habilidades e escolhendo quem você quer ser diariamente. Todos nós temos potencial e capacidade. Muitas vezes, só precisamos de um ajuste na rota ou na atitude.

Esse aprendizado teve forte impacto na minha vida, ajudando-me a ressignificar minha história e a conduzir meus medos, minhas angústias e minhas inseguranças. Fez-me acreditar, ainda mais, que sou protagonista e narradora da minha história e ensinou-me a vigiar minha mente para que eu mesma não criasse ciladas capazes de abalar a minha autoestima, a crença no meu potencial e a minha capacidade de sonhar.

Desejo o mesmo a você!

Compartilhando propósitos e conectando pessoas
Visite nosso site e fique por dentro dos nossos lançamentos:
www.gruponovoseculo.com.br

facebook/novoseculoeditora
@novoseculoeditora
@NovoSeculo
novo século editora

gruponovoseculo
.com.br

Edição: 1ª
Fonte: Adobe Garamond Pro